GUITAR CHORD SONGBOOK

TOP 100 MODERN WORSHIP songbook 2

BRENTWOOD-BENSON
music publishing

www.brentwoodbenson.com

© MMXII Brentwood-Benson Music Publishing, 2555 Meridian Blvd., Suite 100, Franklin, TN 37067. All Rights Reserved. Unauthorized Duplication Prohibited.

A Mighty Fortress

Words and Music by
CHRISTY NOCKELS and NATHAN NOCKELS

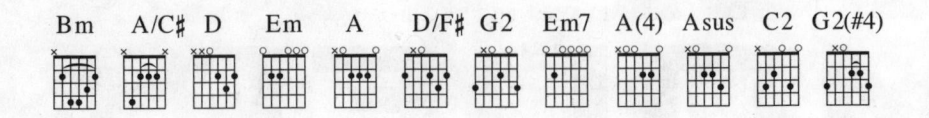

Melody: Our God is a con-sum-ing fire,

Bm   A/C#   D   Em   A   D/F#   G2   Em7   A(4)   Asus   C2   G2(#4)

Verse 1

    Bm   A/C#   D
Our God is a consuming   fire,
        Em   D   A
A burning holy flame with glory and freedom.
    Bm   A/C#   D
Our God is the only righteous judge
     Em   D   A
Ruling over us with kindness and wisdom.

Channel 1

                  D/F#   G2
And we will keep our eyes on You,
       Em7   A(4)
We will keep our eyes on You.

Chorus

D   G2
A mighty fortress is our God,
Em7   D   Asus A
A sacred refuge is Your name.
D   G2
Your kingdom is unshakable,
Em7   D   Asus A
With You forever we will reign.

© Copyright 2009 worshiptogether.com Songs / sixsteps Music / Sweater Weather Music (ASCAP)
(Administered at EMICMGPublishing.com). All rights reserved. Used by permission.

Verse 2

    Bm   **A/C#** **D**
Our God is jealous for His own,
       Em **D**   **A**
None could comprehend His love and His mercy.
    Bm   **A/C#** **D**
Our God is exalted on His throne
       Em **D**   **A**
High above the heavens forever; He's worthy.

Interlude **D/F#** **G** **C2** **Em7** **D/F#** **G2** **C2** **Em7**

Channel 2   **D/F#** **G2(#4)**
We will keep our eyes on You,
      Em7 **A(4)**
We will keep our eyes on You.
      D/F# **G2(4#)**
So, we can set our hearts on You,
      Em7 **A(4)**
Lord, we will set our hearts on You.

A New Hallelujah

Words and Music by
MICHAEL W. SMITH,
PAUL BALOCHE and
DEBORAH D. SMITH

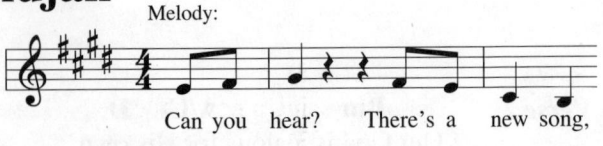

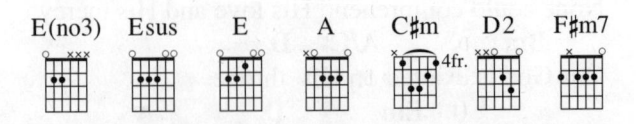

Melody: Can you hear? There's a new song,

E(no3) Esus E A C#m D2 F#m7

Verse 1

        E(no3)   Esus E
Can you hear? There's a new   song
    E(no3)   Esus E
Breaking out from the children of free- dom.
      E(no3)   Esus E
Every race and ev'ry na-   tion,
            E(no3)   Esus E
Sing it out, sing a new hallelu-   jah.

Chorus

     A   E Esus E
Arise, let the church arise!
     A   E Esus E
Let love reach to the other side.
    C#m   A
Alive, come alive! Let the song arise!

Bridge

     D2   F#m7
Let the song arise! (Let the song arise!)
E(no3) Esus E
Yeah! (Yeah!)
     D2   F#m7
Let the church arise! (Let the church arise!)
E(no3) Esus E
Yeah! (Yeah!)

© Copyright 2008 Smittyfly Music (Administered by Word Music, LLC) /
Word Music, LLC / Integrity's Hosanna! Music / Leadworship Songs (ASCAP)
(Administered at EMICMGPublishing.com) / This is Your Time Music (ASCAP)
(Administered by The Loving Company). All rights reserved. Used by permission.

Tag
        E(no3)   **Esus** **E**
Ev'ryone sing a new hallelu-   jah.
        E(no3)   **Esus** **E**
Ev'ryone sing a new hallelu-   jah.

Verse 2
        E(no3)   **Esus** **E**
Let us sing love to the na-   tions,
             E(no3)   **Esus** **E**
Bringing hope of the grace that has freed   us.
         E(no3)   **Esus** **E**
Make Him known and make Him fa-   mous.
       E(no3)   **Esus** **E**
Sing it out, sing the new hallelu-   jah.

Verse 3
        E(no3)   **Esus** **E**
Africa sings a new   song,
           E(no3)   **Esus** **E**
Reaching out with the new hallelu-   jah.
      E(no3)   **Esus** **E**
Ev'ry son and ev'ry daugh- ter;
        E(no3)   **Esus** **E**
Ev'ryone sing a new hallelu-   jah.

Again, I Say Rejoice

Words and Music by
AARON LINDSEY
and ISRAEL HOUGHTON

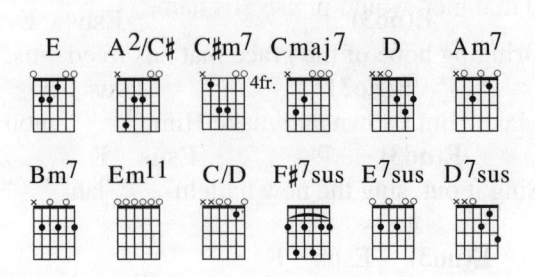

Melody: Re-joice— in the Lord— al - ways,—

E A2/C♯ C♯m7 Cmaj7 D Am7

Bm7 Em11 C/D F♯7sus E7sus D7sus

Chorus E   A2/C♯   C♯m7
Rejoice in the Lord al-   ways,
    Cmaj7   **D**
And again I say, and again I say.
    E   **A2/C♯**   **C♯m7**
Rejoice in the Lord al-   ways,
    Cmaj7   **D**   **E**
And again I say, and again I say rejoice.

Verse E
Come bless the Lord. Come bless the Lord.
         D   **A2/C♯**   **E**
Draw near to worship Christ, the Lord

And bless His name, His holy name,
     D   **A2/C♯** **E**
Declaring He is good.

© Copyright 2004 Integrity's Praise! Music (BMI) (Administered at EMICMGPublishing.com).
All rights reserved. Used by permission.

Pre-Chorus   **Am7**   **Bm7**
O that men would praise Him.
Cmaj7   **D**
O that men would praise Him.

Bridge   **Em11**
O that men would praise His name,

Praise His name to the ends of the earth.

O that men would praise His name,
                          C/D   **Em11**
Praise His name to the ends of the earth.

O that men would praise His name,
          F#7sus **E7sus** **D7sus**   **Bm7**
Praise His name to   the   ends of the uh, earth.
Em11
O that men would praise His name.
  Am7   **Bm7**
Again I say, again I say.

All My Fountains

Words and Music by
CHRIS TOMLIN,
CHRISTY NOCKELS,
DANIEL CARSON
and NATHAN NOCKELS

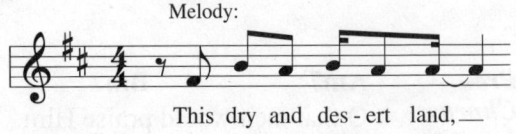

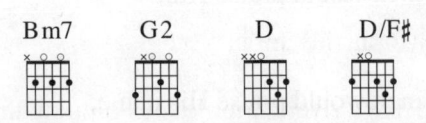

Bm7   G2   D   D/F#

Verse 1
Bm7   **G2**   **D**
This dry and desert land, I tell myself keep walkin' on.
Bm7   **G2**   **D**
Hear something up ahead,   water fallin' like a song,
Bm7   **G2**   **D/F#**
An everlasting stream. Your river carries me home.
      G2
Let it flow! Let it flow!
Bm7 G2   D   Bm7 G2   D
         All my fountains.

Verse 2
Bm7   **G2**   **D**
A flood for my soul, a well that never will run dry.
Bm7   **G2**   **D**
I've rambled on my own, never believing I would find
Bm7   **G2**   **D/F#**
An everlasting stream. Your river carries me home.
      G2
Let it flow! Let it flow!

© Copyright 2011 worshiptogether.com Songs / sixsteps Music / Vamos Publishing / Sweater Weather Music (ASCAP)
(Administered at EMICMGPublishing.com). All rights reserved. Used by permission.

Chorus   **D**
Open the heavens! Come, living water!
      G2   **D**
All my fountains are in You!

Strong like a river, Your love is running through!
      G2
All my fountains are in You!

Bridge   **Bm7**   **G2**   **D**
Come on and rain down on us, rain down on us, Lord!
       Bm7   **G2**   **D**
Come on and rain down on us, rain down on us, Lord!
       Bm7   **G2**   **D**
Come on and rain down on us, rain down on us, Lord!
       Bm7   **G2**   **D**
Come on and rain down on us, rain down on us, Lord!

Ending   **Bm7**   **G2**
All my fountains, Lord. All my fountains are in You!
Bm7   **G2**
All my fountains, Lord. All my fountains are in You!
Bm7 **G2**   **D**
Yeah!   All my fountains!
Bm7 **G2**   **D**
Yeah!   All my fountains!

All of Creation

Words and Music by
BART MILLARD, MIKE SCHEUCHZER, JIM BRYSON,
NATHAN COCHRAN, BARRY GRAUL, BROWN BANNISTER,
ROBBY SHAFFER and DAN MUCKALA

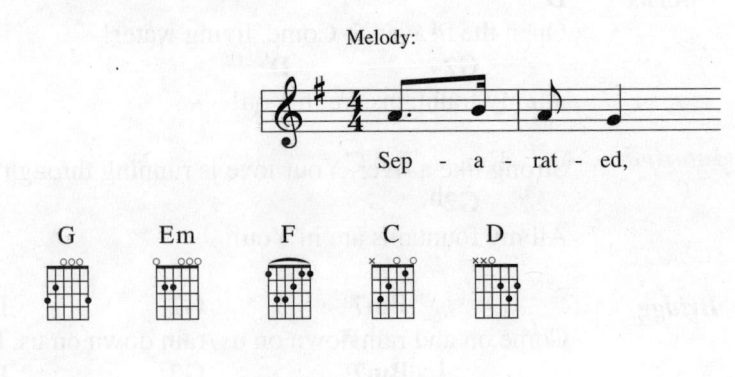

Melody:

Sep - a - rat - ed,

G Em F C D

Verse 1
  G   Em
Separated, until the veil was torn,
     F
The moment that hope was born,
 C   G
And guilt was pardoned once and for all.

Verse 2
  G   Em
Captivated, but no longer bound by chains,
  F
Left at an empty grave,
 C   G C
The sinner and the sacred resolved.

Chorus
    G   D
And all of creation sing with me now,
         Em C
Lift up your voice and lay your burden down;
    G   D
And all of creation sing with me now,
       C
Fill up the heavens let His glory resound.

© Copyright 2010 (Arr. © Copyright 2012) Simpleville Music / Wet as a Fish Music (Both administered by Simpleville Publishing, LLC) / Banistuci Music (ASCAP) (Administered by The Loving Company) / Wintergone Music. All rights on behalf of Wintergone Music administered by Kobalt Music Publishing America, Inc.
All rights reserved. Used by permission.
Reprinted by permission of Hal Leonard Corporation.

Verse 3
     G   **Em**
When time has faded, and we see Him face to face,
  F
Every doubt erased,
    C   **G** **C**
Forever, we will worship the King.

Interlude **G** **Em** **F** **C**
      Oh, oh,

Bridge
       G
The reason we breathe
        Em
Is to sing of His glory;
      F
And for all He has done,
          C
Praise the Father, praise the Son,

And the Spirit in One.

Ending
       G
Let His glory resound
         Em
And every knee will bow
     F
Oh, and every tongue
         C
Praise the Father, praise the Son,
      G
And the Spirit in One.

All to Us

Words and Music by
CHRIS TOMLIN, JESSE REEVES,
MATT MAHER and MATT REDMAN

Melody: Pre - cious Cor - ner - stone, Sure Foun - da - tion,

Chords: D A/C# E/G# A E(4) F#m A/E E(no3) F#m7 Bm7 D/A E/A

Verse 1
        D   A/C#   E/G#   A
Precious Cornerstone, Sure Founda-   tion,
       D   A/C#   E(4)
You are faithful to the end.
      D   A/C#   E/G#   F#m
We are waiting on You, Je-   sus;
    D   A
We believe You're all to us.

Chorus
      E   E/G#   D   A
Let the glory of Your name be the passion of the church.
     E   E/G#   D   A
Let the righteousness of God be a holy flame that burns.
    E   E/G#   F#m   D
Let the saving love of Christ be the measure of our lives.
  A/E   E(no3)
We believe You're all to us.

Verse 2
    D   A   E/G# A
Only Son of God, sent from heav-   en,
  D A   E
Hope and mercy at the cross.
    D   A   E/G# F#m
You are everything, You're the prom-   ise, Jesus,
  D   E A Asus A
You are all to us.

© Copyright 2010 Thankyou Music (PRS) (Administered worldwide at EMICMGPublishing.com excluding Europe which is administered by Kingswaysongs) / worshiptogether.com Songs / sixsteps Music / Vamos Publishing / Said and Done Music (ASCAP) / Valley of Songs Music (BMI) (Administered at EMICMGPublishing.com). All rights reserved. Used by permission.

Bridge

           D   F#m7   E   A   D   F#m7   E/G#
You're all to   us, You're all to   us.
A   D   F#m7   D E   A E/G#
You're all to   us,   You are!
           D   F#m7   E   A   D   F#m7   E/G#
You're all to   us, You're all to   us.
A   Bm7   A/C#   D E   A
You're all   to   us,   You are!

Verse 3

            D/A   A   E/A   A
When this pass- ing world is o-   ver,
         D/A   A   E/A
We will see   You face to face;
         D/A   A   E/G#   F#m7
And forev- er we will wor-   ship.
         D   E   F#m7
Jesus, You are all to us.
         D   E   D   F#m
Jesus, You are all to us!

At the Cross

Words and Music by
DARLENE ZSCHECH
and REUBEN MORGAN

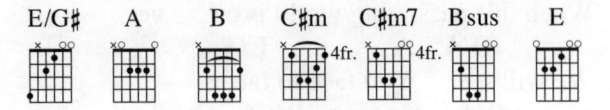

Melody:
Oh Lord, You've searched me.

E/G♯ A B C♯m C♯m7 Bsus E

Verse 1

E/G♯   A   B   C♯m
Oh Lord, You've searched me.
E/G♯   A   B
You know my way.
E/G♯   A   B   C♯m7   A   Bsus B
Even when I fail You, I know You love me.
E/G♯   A   B   C♯m
Your holy pres-ence
E/G♯   A   B
Surrounding me,
E/G♯   A   B   C♯m7   A   Bsus   B
In every sea- son,   I know You love me.
A   Bsus B
I know You love me.

© Copyright 2006 Hillsong Publishing (APRA) (Administered in the US and Canada at EMICMGPublishing.com).
All rights reserved. Used by permission.

Chorus   **E**   **C♯m**
　　　　At the cross, I bow my knee,
　　　　　　　　　　　　E/G♯   **A**
　　　　Where Your blood was shed for me.
　　　　　　　　　　　B
　　　　There's no greater love than this.
　　　　E   **C♯m**
　　　　You have overcome the grave.
　　　　　　　　　　　E/G♯   **A**
　　　　Your glory fills the highest place.
　　　　　　　　　　B
　　　　What can separate me now?

Interlude   **A   E/G♯   A   B   A   E/G♯   A   B**

Verse 2   **E/G♯   A   B   C♯m   E/G♯   A   B**
　　　　　You go before me;   You shield my way.
　　　　E/G♯   A   B   C♯m7   A   Bsus   B
　　　　　Your hand upholds me.   I know You love   me.
　　　　E/G♯   A   B   C♯m   E/G♯   A   B
　　　　　And when the earth fades,   falls from my eyes,
　　　　E/G♯   A   B   C♯m7   A   Bsus   B
　　　　　And You stand before me,   I know You love   me.
　　A   Bsus   B
　　I know You love   me.

Tag   **A   B   C♯m**
　　　　　You tore the veil; You made a way
　　　　　　　　A   C♯m   B
　　　　　When You said that it is   done.
　　　　　　　　　A   B   C♯m
　　　　　You tore the veil; You made a way
　　　　　　　　A.   C♯m   B
　　　　　When You said that it is   done.

TOP 100 MODERN WORSHIP SONGS

Awakening

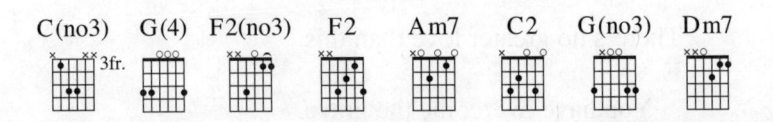

Words and Music by
CHRIS TOMLIN and
REUBEN MORGAN

Melody: In our hearts, Lord, in this nation,

C(no3) G(4) F2(no3) F2 Am7 C2 G(no3) Dm7

Verse 1
     C(no3)   G(4)   F2(no3)   C(no3)
In our hearts, Lord, in this nation,   awakening.
     C(no3)   G(4)   F2(no3)   C(no3)
Holy Spirit, we desire   awakening.

Chorus
        F2   Am7
For You and You alone awake my soul;
  C2   G(no3)
Awake, my soul and sing.
      F2   Am7
For the world You love, Your will be done,
   C2   G(no3)
Let Your will be done in me.

Bridge
       Dm7   F2(no3)
Like the rising sun that shines,
        Am7   C2(no3)
From the darkness comes a light.
         Dm7   F2(no3) Dm7 G(no3)
I hear Your voice, and this is my awakening!
     F2   Dm7
Like the rising sun that shines,
        Am7   C2(no3)
From the darkness comes a light.
         Dm7   F2(no3)   G(no3)
I hear Your voice, and this is my awakening!

© Copyright 2010 Shout! Publishing (ASCAP) (Administered in the US and Canada at EMICMGPublishing.com) /
worshiptogether.com Songs / sixsteps Music / Vamos Publishing (ASCAP) (Administered at EMICMGPublishing.com).
All rights reserved. Used by permission.

Verse 2
     C(no3)   **G(4)** **F2(no3)** **C(no3)**
   In Your presence, in Your power awakening.
     C(no3)   **G(4)** **F2(no3)** **C(no3)**
   For this moment, for this hour, awakening.

Bridge 2
      F2   **Am7**
   Like the rising sun that shines; awake, my soul,
   C2   **G(4)**
   Awake, my soul and sing.
      F2   **Am7**
   From the darkness comes a light; awake, my soul,
   C2   **G(4)**
   Awake, my soul, and sing!
      F2   **Am7**
   Like the rising sun that shines; awake, my soul,
   C2   **G(4)**
   Awake, my soul and sing.
      F2   **Am7**
   Only You can raise a life; awake, my soul,
   C2   **G(4)** **F(no3)**
   Awake, my soul, and sing!

Ancient Words

Words and Music by
LYNN DESHAZO

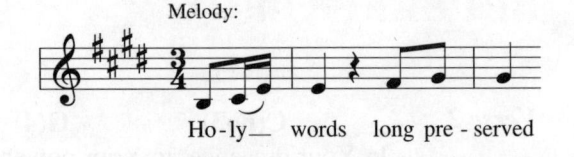

Melody:

Ho-ly— words long pre-served

E B A C#m B/D# E/G# F#m/A E/B Esus

Verse 1
    E   B   E   A   B
Holy words long preserved for our walk in this world,
    C#m   B/D#   E
They resound with God's own heart.
    E/G# F#m/A E/B B E
O let the ancient words im-part.

Verse 2
    Esus E B   E   A   B
Words of life, words of hope, give us strength, help us cope.
    C#m   B/D#   E
In this world where'er we roam,
    E/G# F#m/A E/B B E
Ancient words will guide us home.

Chorus
          E   E/G# B   F#m/A E/G#   A
Ancient words, ever true, changing me, changing you;
B   C#m   B/D#   E
We have come with open hearts.
    F#m/A E/B B E Esus E
O let the ancient words im-part.

Verse 3
    E   B   E   A   B
Holy words of our faith handed down to this age,
    C#m   B/D#   E
Came to us through sacri- fice;
    E/G# F#m/A E/B B E
O heed the faithful words of Christ.

© Copyright 2001 Integrity's Hosanna! Music (ASCAP) (Administered at EMICMGPublishing.com).
All rights reserved. Used by permission.

Beautiful King

Words and Music by
CHAD CATES, JONATHAN LEE
and MATT UNDERWOOD

Capo 2nd fret and play in A.

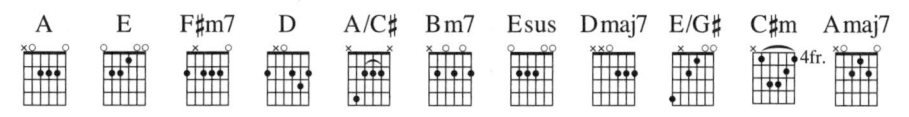

A E F#m7 D A/C# Bm7 Esus Dmaj7 E/G# C#m Amaj7

Verse 1
  A   **E**
  I hear a sound like rushing water.
F#m7   **E**
  It's growing louder, just like thunder.

Pre-Chorus
  D   **A/C#**
  This is our anthem, our song of love.
Bm7 **A/C#** **D**   **Esus**
  It is rising, the sound of hallelujah!

Chorus
  E **A**   **E**
  Beautiful King, wonderful Savior,
   Dmaj7   **A** **E**
  You reign forever and ever.
   A   **E/G#**   **F#m7** **E** **Dmaj7**
  O Lord, in spirit and truth, I live to sing to You,
    C#m **D** **Amaj7**
  My beautiful King,
    C#m **D** **Esus** **A**
  My beautiful King.

Verse 2
  A   **E**
  Clothed in splendor, full of glory,
F#m7   **E**
  You gave Your life to make us holy.

© Copyright 2007 New Spring Publishing, a division of Brentwood-Benson Music Publishing /
Upper Cates Music (ASCAP) / Designer Music, a division of Brentwood-Benson Music Publishing (SESAC) /
Bridge Building Music, a division of Brentwood-Benson Music Publishing (BMI)
(Licensing through Music Services). All rights reserved. Used by permission.

Beautiful Exchange

Words and Music by
JOEL HOUSTON

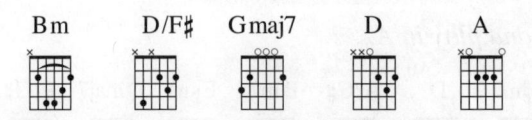

Verse 1
    Bm   **D/F#**
You were near though I was distant.
  Gmaj7   **D**
Disillusioned, I was lost and insecure.
  Bm   **D/F#**
Still mercy fought for my attention,
   Gmaj7   **Gmaj7**
You were waiting at the door, then I let You in.

Verse 2
   Bm   **D/F#**
Trading Your life for my offenses,
  Gmaj7   **D**
For my redemption, You carried all the blame.
  Bm   **D/F#**
Breaking the curse of our condition,
  Gmaj7
Perfection took our place.

Channel 1 **Bm** **D/F#** **Gmaj7** **D**
When only love could make a way,
  Bm **D/F#** **Gmaj7**
You gave Your life in a beautiful exchange.

© Copyright 2009 Hillsong Publishing (APRA) (Administered in the US and Canada at EMICMGPublishing.com).
All rights reserved. Used by permission.

Verse 3

        Bm   **D/F#**
My burden erased, my life forgiven,
   Gmaj7   **D**
There is nothing that can take this love away.
    Bm   **D/F#**
My only desire and sole ambition
   Gmaj7
Is to love You just the same.

Channel 2

  Bm **D/F#**   **Gmaj7** **D**
When only love could make a way,
  Bm   **D/F#**   **Gmaj7**
You gave Your life in a beautiful exchange.
  Bm **D/F#**   **Gmaj7**   **D**
When only love could break these chains,
  Bm   **D/F#**   **Gmaj7**
You gave Your life in a beautiful exchange.

Chorus

A   **Gmaj7**
Holy are You, God.
Bm   **D/F#**
Holy is Your name.
A   **Gmaj7**
With everything I've got,
A   **Bm**   **A** **D**
My heart will sing how I love You.

Beautiful Things

Words and Music by
LISA GUNGOR and
MICHAEL GUNGOR

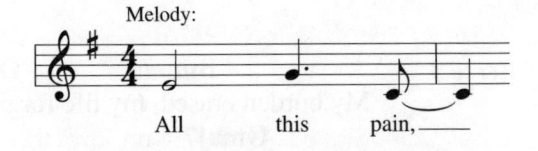

Melody: All this pain,

C D(4)/C G Em D G/B Cm(M7)/G G/D CM7 Bm

Verse 1
C D(4)/C G   C D(4)/C G
All this   pain, I wonder if I'll ever find my   way.
                  C   D(4)/C Em
I wonder if my life could really   change
D C D(4)/C G
At all.

Verse 2
C D(4)/C G/B   C D(4)/C G
All this   earth, could all that is lost ever be   found?
G/B   C   D(4)/C Em
Could a garden come up from this ground
G/D C D(4)/C G
At   all?

Chorus
G
You make beautiful things,

You make beautiful things out of the dust.

You make beautiful things,

You make beautiful things out of us.

© Copyright 2009 worshiptogether.com Songs (ASCAP) (Administered at EMICMGPublishing.com).
All rights reserved. Used by permission.

Verse 3 **C   D(4)/C   G/B**
All a-   round
             C   D(4)/C   G
Hope is springing up from this old   ground.
G/B   C   D   Em
Out of chaos life is being found
G/B   C   D(4)/C   G   Cm(M7)/G
In   You.

Chorus 2 **CM7**
Oh, You make beautiful things,

You make beautiful things out of the dust.
G
You make beautiful things,

You make beautiful things out of us.

Interlude **G   Bm   C   G   G   Bm   C   G**

Bridge **B**
You make me new, You are making me new.

You make me new, You are making me new.

You make me new, You are making me new.
CM7
You make me new, You are making me new.

Chorus 3 **G   Bm**
You make beautiful things,
              C   G
You make beautiful things out of the dust.
G   Bm
You make beautiful things,
              C   G
You make beautiful things out of us.

Because of Your Love

Words and Music by
BRENTON BROWN
and PAUL BALOCHE

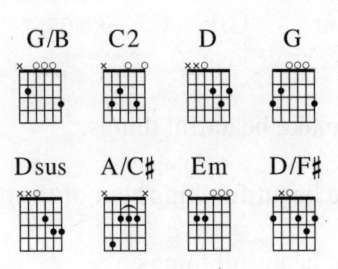

| G/B | C2 | D | G |
| Dsus | A/C# | Em | D/F# |

Intro   G/B C2 D G   G/B C2 D G
              Yeah.   Yeah.
              G/B C2 D G   G/B C2 D G
              Yeah.   Yeah.

Verse   G/B   C2   D   G
         As we come into Your pres-ence,
                G/B   C2   D   G
         We remember every bless-ing
                   G/B   C2   D   G/B   C2
         That You've poured out so freely from above.
                G/B   C2   D   G
         Lifting grati- tude and prais-es
                G/B   C2   D   G
         For compassion so amaz-ing,
                  G/B   C2   D   G/B   C2
         Lord, we've come to give You thanks for all You've done.

© Copyright 2006 Thankyou Music (PRS) (Administered worldwide at EMICMGPublishing.com
excluding Europe which is administered by Kingswaysongs) / Integrity's Hosanna! Music (ASCAP)
(Administered at EMICMGPublishing.com). All rights reserved. Used by permission.

Chorus
     G/B   C2   Dsus
 Because of Your love,
   G/B   C2   Dsus
 We're forgiven.
     G/B   C2   Dsus
 Because of Your love,
    G/B   C2   Dsus
 Our hearts are clean.
    G/B   C2   Dsus
 We lift You up
    G/B   C2   Dsus
 With songs of freedom.
  A/C♯   **C2**   **D**   **G**
 Forever we're changed   because of Your   love.

Interlude   **Em   D/F♯   G   C2   G/B   C2   Dsus**
      Em   D/F♯   G   C2   G/B   C2   D

Before the Throne of God Above

Words and Music by
CHARITIE BANCROFT
and VIKKI COOK

Melody: Be-fore the throne of God a-bove

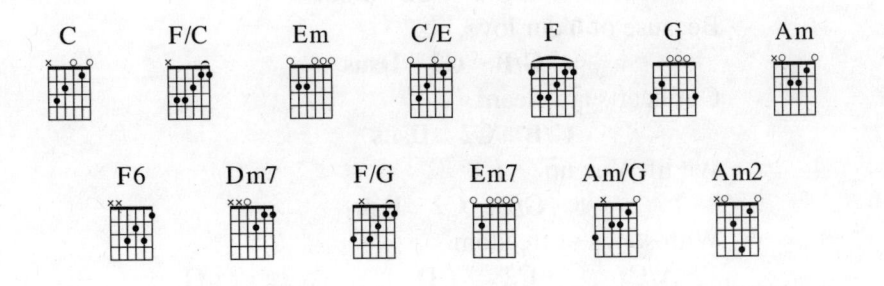

Verse 1

    C   F/C C
Before the throne of God above
          Em
I have a strong and perfect plea,
   C/E F C/E G   Am
A great High Priest whose name is Love,
    F6   Dm7 F/G C
Who ever lives and pleads for me.
    Em7 F C/E C   G
My name is grav-en on His hands;
  C   Em7 F C/E F G Am
My name is writ-ten on His heart.
   Am/G F C/E G   Am2 Am
I know that while in heaven He stands,
    Am/G   F6 Dm7 F/G   Am
No tongue can bid me thence de- part,
    Am/G   F6 Dm7 F/G   C
No tongue can bid me thence de- part.

© Copyright 1997 Sovereign Grace Worship (ASCAP) (Administered at EMICMGPublishing.com).
All rights reserved. Used by permission.

Verse 2   C   F/C   C
When Satan tempts me to   despair
                                 Em
And tells me of the guilt within,
  C/E   F   C/E   G   Am
Upward I look and   see Him there
                 F6   Dm7   F/G   C
Who made an end to all   my   sin.
           Em7   F   C/E   C   G
Because the   sin- less Savior died,
C   Em7   F   C/E   F   G   Am
My sinful   soul is   count-ed free.
   Am/G   F   C/E   G   Am2 Am
For God, the just, is   satis-fied
   Am/G   F6   Dm7   F/G   Am
To look on Him and par-   don   me,
   Am/G   F6   Dm7   F/G   C
To look on Him and par-   don   me.

Verse 3   C   F/C   C
Behold Him there! the risen Lamb,
                                Em
My perfect, spotless Righteousness,
   C/E   F   C/E   G   Am
The great unchange-a-   ble I AM,
          F6   Dm7   F/G   C
The King of glory and   of   grace!
          Em7   F   C/E   C   G
One with Him- self, I   cannot die.
C   Em7   F   C/E   F   G   Am
My soul is   pur-chased by His blood.
   Am/G   F   C/E   G   Am2   Am
My life is hid with   Christ on high,
   Am/G   F6   Dm7   F/G   Am
With Christ, my Savior and   my   God,
   Am/G   F6   Dm7   F/G   C
With Christ, my Savior and   my   God.

Bless Your Name

Words and Music by
TODD FIELDS, STEVE FEE,
EDDIE KIRKLAND and BRETT YOUNKER

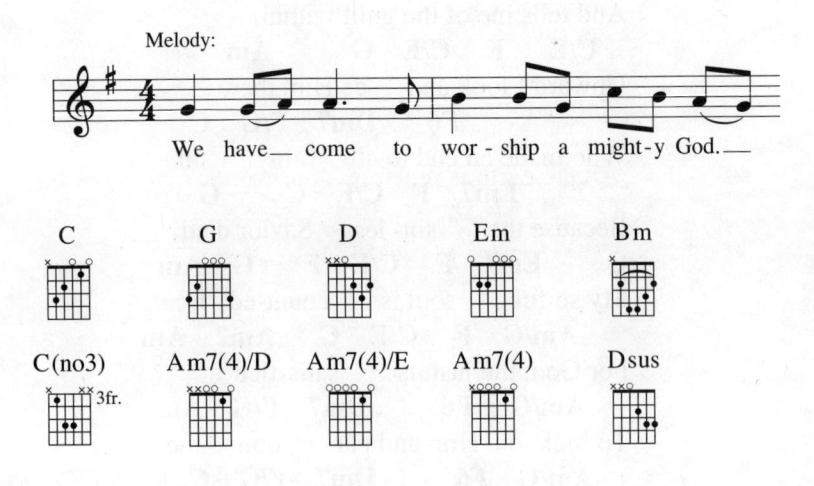

Melody: We have come to wor-ship a might-y God.

Intro C G D C G D

Verse 1
G
We have come to worship a mighty God.
C
We have come to lift up a joyful song.
Em
Let us praise the King.
C   **G**
Let us praise the King of Glory.

Verse 2
G
We will respond to love and mercy He has shown us.
C
We will respond to all the great things He has done.
Em
Let us praise the King.
C   **G**
Let us praise the King of Glory.

© Copyright 2009 Robinson Lane Music / Eddie Kirkland Music / Music at North Point /
Songs at North Point (ASCAP) / Brett Younker (All administered by North Point Music Publishing).
All rights reserved. Used by permission.

Pre-
Chorus
         C   **D**
Here in this moment, here in our lives,
        Bm   **D**
Now, and forever be glorified.

Chorus
C   **G**   **D**   **Em**
Holy, Holy, Lord Almighty,
C   **G**   **D**
All the earth is praising Your name.
C   **G**   **D**   **Em**
Holy, Holy, God of Glory,
C   **G**   **D**   **C**
Open up the heavenly gates   as we bless Your name.

Verse 3
      G
With grateful hearts we enter in the presence
    C
Of a faithful God, the Father of an endless love.
Em
Let us praise the King.
C   **G**
Let us praise the King of Glory.

Bridge
       C   **Am7(4)/D** **Am7(4)/E**
You are worthy. You are wor-   thy.
       C   **Am7(4)/D** **Am7(4)**
You are worthy of all our praise.
       C   **Am7(4)/D** **Am7(4)/E**
You are holy. You are holy.
       C   **Am7(4)/D** **Am7(4)**
God of Glory, we bless Your name.
       C   **Am7(4)/D** **Am7(4)/E**
You are worthy. You are wor-   thy.
       C   **Am7(4)/D** **Am7(4)**
You are worthy of all our praise.
       C   **Am7(4)/D** **Am7(4)/E**
You are holy. You are holy.
       C   **D**   **Dsus**
God of Glory, we bless Your name.

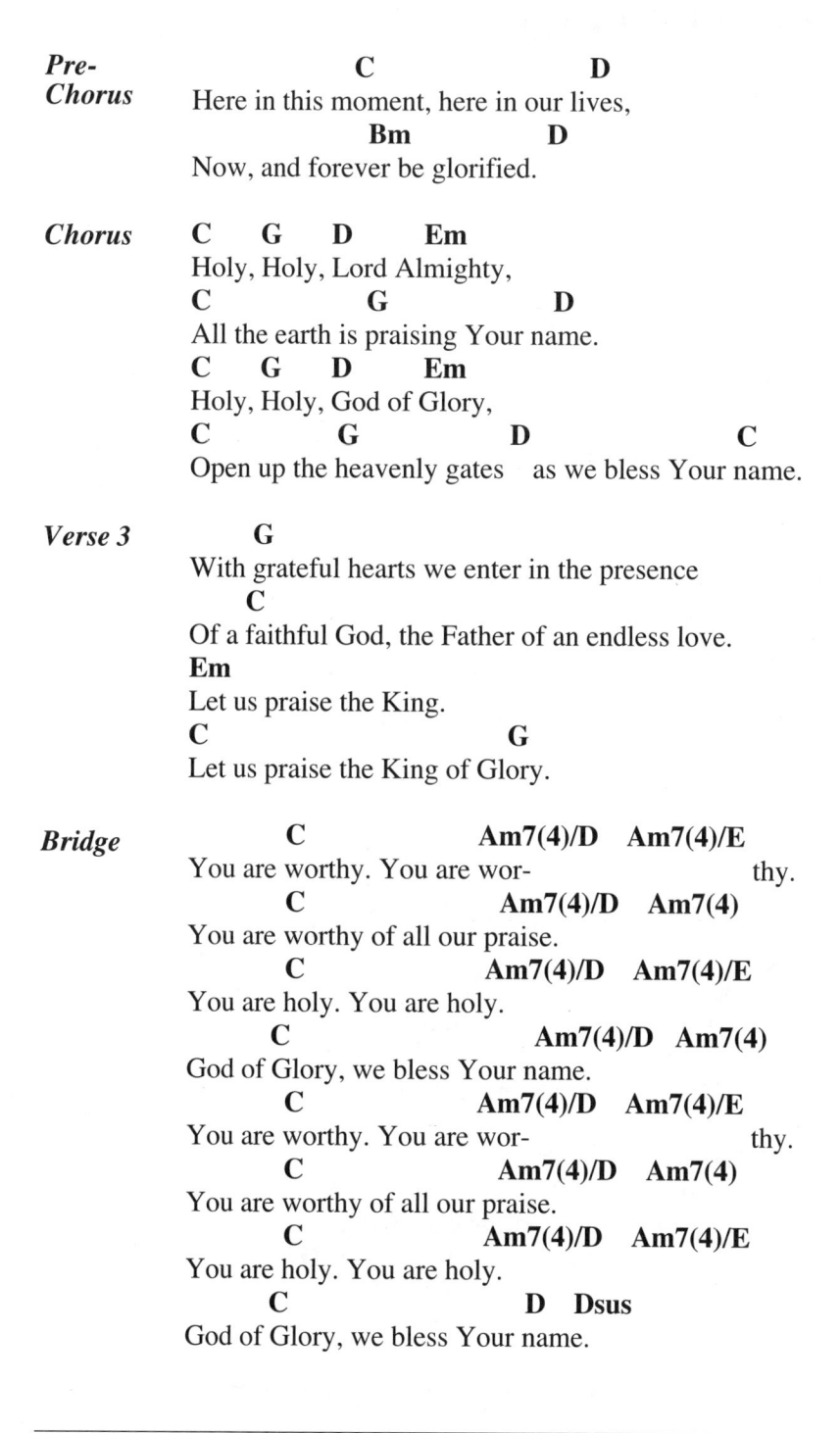

Calling Out to You

Words and Music by
TOMMY WALKER

Capo 2nd fret and play in A.

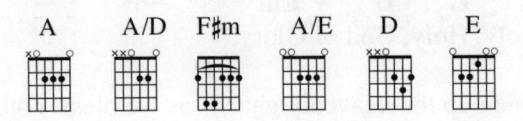

Chords: A A/D F#m A/E D E

Verse

A
Lord, You have told us,
A/D
Lord, You have promised
   F#m   A/E   D
That if Your people would pray
   A
That You would hear from heaven,
A/D
And You would send Your mercy
   F#m   A/E   D
And touch us with Your strong healing hand.

Chorus

E   A   E D   E
So we're calling out to You, crying out to You.
F#m   E   D
Forgive us of our sin, heal our land.
E   A
As we seek Your holy face,
   E   D
We turn from all our wicked ways.
D   F#m   E   D
Hear from heaven even now, as we pray.

© Copyright 2001 Universal Music - Brentwood Benson Songs (BMI) (Licensing through Music Services).
All rights reserved. Used by permission.

Came to My Rescue

Words and Music by
DYLAN THOMAS, JOEL DAVIES
and MARTY SAMPSON

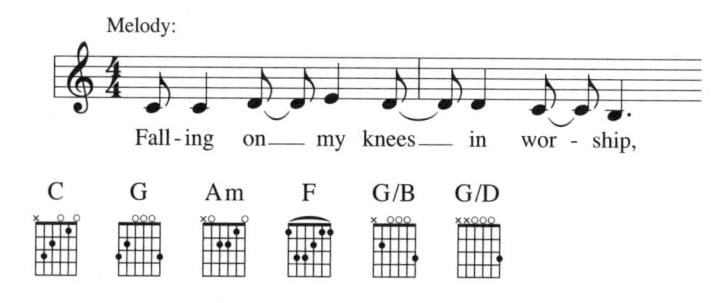

Melody: Fall-ing on— my knees— in wor-ship,

C G Am F G/B G/D

Verse 1
    C   **G**
Falling on my knees in worship,
Am   **F**   **C**
Giving all I am to seek Your face,
   G/B   **Am** **F**
Lord, all I am is Yours.

Verse 2
    C   **G**
My whole life, I place in Your hands.
Am   **F**   **C**
God of mercy, humbled, I bow down
   G   **Am** **F**
In Your presence, at Your throne.

Chorus
   C   **G/B**   **Am**   **F**
I called. You answered, and You came to my rescue.
   C   **G/B**   **Am** **F**
And I, I want to be where You are.

Bridge
Am   **G/B** **C**
In my life be lifted high.
   G/D **Am**
In our world be lifted high.
   G   **F**   **(G)**
In our love be lifted high.

© Copyright 2005 Hillsong Publishing (APRA) (Administered in the US and Canada at EMICMGPublishing.com).
All rights reserved. Used by permission.

Cannons

Words and Music by
PHIL WICKHAM

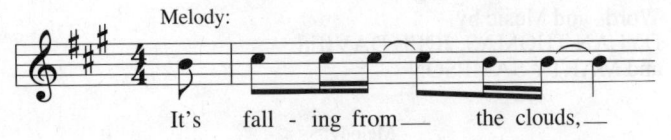

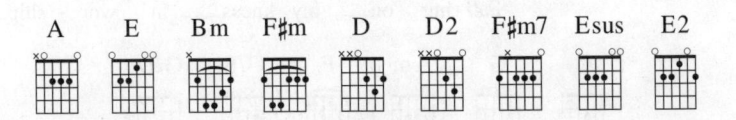

Melody: It's fall-ing from the clouds,

Chords: A E Bm F#m D D2 F#m7 Esus E2

Verse 1
     A   **E**   **Bm**   **F#m**
It's falling from the clouds, a strange and lovely sound.
   D   **A**   **E**
I hear it in the thunder and the rain.
    A   **E**   **Bm**   **F#m**
It's ringing in the skies like cannons in the night;
   D   **A**   **E**
The music of the universe plays.

Chorus
           A   **D2**
We're singing: You are holy, great and mighty.
  F#m7   **E**
The moon and the stars declare who You are.
      A   **D2**
I'm so unworthy, but still You love me.
  F#m7   **E**
Forever, my heart will sing of how great You are.

Interlude   A D F#m Bm

© Copyright 2007 Seems Like Music / Phil Wickham Music (BMI) (Both administered by Simpleville Publishing, LLC).
All rights reserved. Used by permission.

Verse 2

A	E	Bm	F#m

Beautiful and free, the song of galaxies,

D	A	E

Reaching far beyond the Milky Way.

A	E	Bm	F#m

Let's join in with the sound; come on, let's sing it out

D	A	E

As the music of the universe plays.

Bridge

    D   A   E

All glory, honor, power is Yours, amen.

    D   A   E

All glory, honor, power is Yours, amen.

    Bm   F#m   Esus E E2 E

All glory, honor, power is Yours forever, amen.

Center

Words and Music by
CHARLIE HALL
and MATT REDMAN

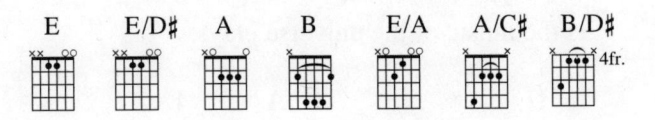

Chorus

   E   E/D#   A
Oh Christ, be the center of our lives.
           E   E/D#   A
Be the place we fix our eyes, be the center of our lives.

Verse

     E
And You're the center of the universe;
B
Everything was made in You, Jesus.
E
Breath of every living thing,
B   **A**
Everyone was made for You.

Pre-Chorus

   E/A E E/A B
You hold every- thing to- gether.
   A/C# E E/A B/D#
You hold every- thing to- gether.
   E/A E E/A B
You hold every- thing to- gether.
   A/C# E E/A B
You hold every- thing to- gether.

© Copyright 2006 Thankyou Music (PRS) (Administered worldwide at EMICMGPublishing.com excluding Europe which is administered by Kingswaysongs) / worshiptogether.com Songs / sixsteps Music (ASCAP) (Administered at EMICMGPublishing.com). All rights reserved. Used by permission.

Bridge   E   E/D#
                  We lift our eyes to heaven,
                       A
                  and we wrap our lives around Your life.
                  E   E/D#   A
                  We lift our eyes to heaven, to You, yeah.

Tag   E   E/D#   A
                  And turn your eyes upon Jesus,
                                          B
                  and look full in His wonderful face,
                        E   A
                  And the things of earth will grow strangely dim
                        E   A E
                  in the light of His glory and grace.

Chosen Generation

Words and Music by
CHRIS TOMLIN, DANIEL CARSON,
JESSE REEVES and LOUIE GIGLIO

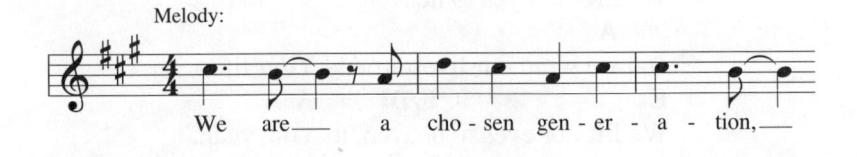

Chorus 1
     A2   **A2/C#**
We are a chosen generation,
           F#m7   **D2(no3)**
Rise up, holy nation; God, we live for You.
    A2   **A2/C#**
You have called us out of darkness
         F#m7   **D2(no3)**
Into light so glorious; God, we live for You,

We live for You, God we live for You.

Verse 1
     D2(no3)   **A2/C#** **A2**
We run with passion for Your name, we run.
     D2(no3)   **A2/C#** **A2**
Freedom, You've broken ev'ry chain, we run.
D2(no3)
       And our God will not be moved;
A2
     Our God will never be shaken.
B11   **D2(no3)**
   We run to You, we run!

© Copyright 2010 worshiptogether.com Songs / sixsteps Music / Vamos Publishing (ASCAP)
(Administered at EMICMGPublishing.com). All rights reserved. Used by permission.

Chorus 2
    A2   **A2/C#**
We are a chosen generation,
          F#m7   **D2(no3)**
Rise up, holy nation; God, we live for You.
A2   **A2/C#**
You have called us out of darkness
         F#m7   **D2(no3)**
Into light so glorious; God, we live for You.

Verse 2
D2(no3)   **N.C.**
      And our God will not be moved;

Our God will never be shaken.

And our God will not be moved;

Our God will never be shaken.
D2(no3)
      And our God will not be moved;
A2/C#   **A2**
    Our God will never be shaken.
B11   **D2(no3)**
    We run to You, we run!

Bridge
      A2   **D2(no3)**
You are ev'rything, more than all we need;
    A2/C#   **Bm11**
God, we live for You, God we live for You.
      A2   **D2(no3)**
I found this world to be not enough for me.
    A2/C#   **Bm11**
God, we live for You, God we live for You.

Christ Is Risen

Words and Music by
MATT MAHER
and MIA FIELDES

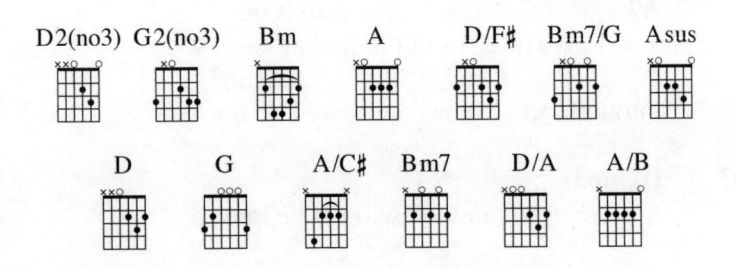

Melody: Let no one caught in sin re-main

Verse 1
    D2(no3)
Let no one caught in sin remain
    G2(no3)
Inside the lie of inward shame.
    D2(no3)
We fix our eyes upon the cross,
    G2(no3)   **Bm**   **A**
And run to Him who showed great love,
    D/F# **Bm7/G** **Asus**
And bled   for us,
    D/F# **Bm7/G** **Asus**
Freely, You've bled   for   us.

Chorus
    D   **D/F#**
Christ is risen from the dead, trampling over death by death.
    G   **Bm**   **A/C#**
Come awake, come awake, come and rise up from the grave.
    D   **D/F#**
Christ is risen from the dead, we are one with Him again.
    G   **Bm**   **A**
Come awake, come awake, come and rise up from the grave.

© Copyright 2009 Shout! Publishing (ASCAP) (Administered in the US and Canada at EMICMGPublishing.com) / Thankyou Music (PRS) (Administered worldwide at EMICMGPublishing.com excluding Europe which is administered by Kingswaysongs) / Spiritandsong.com Publishing (BMI) (Administered at EMICMGPublishing.com). All rights reserved. Used by permission.

Verse 2   **D2(no3)**
Beneath the weight of all our sin,
    G2(no3)
You bowed to none but heaven's will.
    D2(no3)
No scheme of hell, no scoffer's crown,
    G2(no3)   **Bm**   **A**
No burden great can hold You down.
  D/F♯ **Bm7/G** **Asus**
In strength You   reign,
      D/F♯ **Bm7/G** **Asus**
Forever, let Your church pro-   claim.

Bridge   **D/F♯** **G** **Bm7**   **A**
Oh   death, where is your sting?
D/F♯ **G** **Bm7**   **D/A** **A**
Oh   hell, where is your victory?
D/F♯ **G**   **Bm7**   **A**
Oh   church, come stand in the light.
   D/F♯ **G**   **Bm7**   **A**
The glory of God has defeated the night.
      D/F♯ **G**   **Bm7**   **A**
Singing: "Oh   death, where is your sting?
D/F♯ **G** **Bm7**   **D/A** **A**
Oh   hell, where is your victo- ry?
D/F♯ **G**   **Bm7**   **A**
Oh   church, come stand in the light.
     D/F♯   **G**   **Bm7**   **A** **A/B**
Our God is not dead. He's alive, He's alive!"

Come Thou Fount, Come Thou King

TRADITIONAL
Additional Words and Music by
THOMAS MILLER

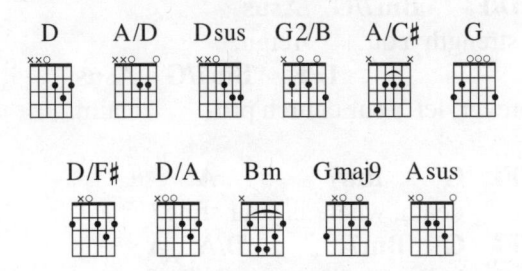

Melody:

D A/D Dsus G2/B A/C♯ G

D/F♯ D/A Bm Gmaj9 Asus

Verse 1

    D   A/D
Come, Thou Fount of every blessing,
  Dsus D
Tune my heart to sing Thy grace;
   D   A/D
Streams of mercy, never ceasing,
  Dsus   D
Call for songs of loudest praise.
  D
Teach me some melodious sonnet,

Sung by flaming tongues above;
   D   A/D
Praise the mount– I'm fixed upon it–
  G2/B A/C♯ D Dsus D
Mount of Thy redeeming love.

© Copyright 2005 Gateway Create Publishing (BMI) / Integrity PD Arrangement (ASCAP)
(Administered at EMICMGPublishing.com). All rights reserved. Used by permission.

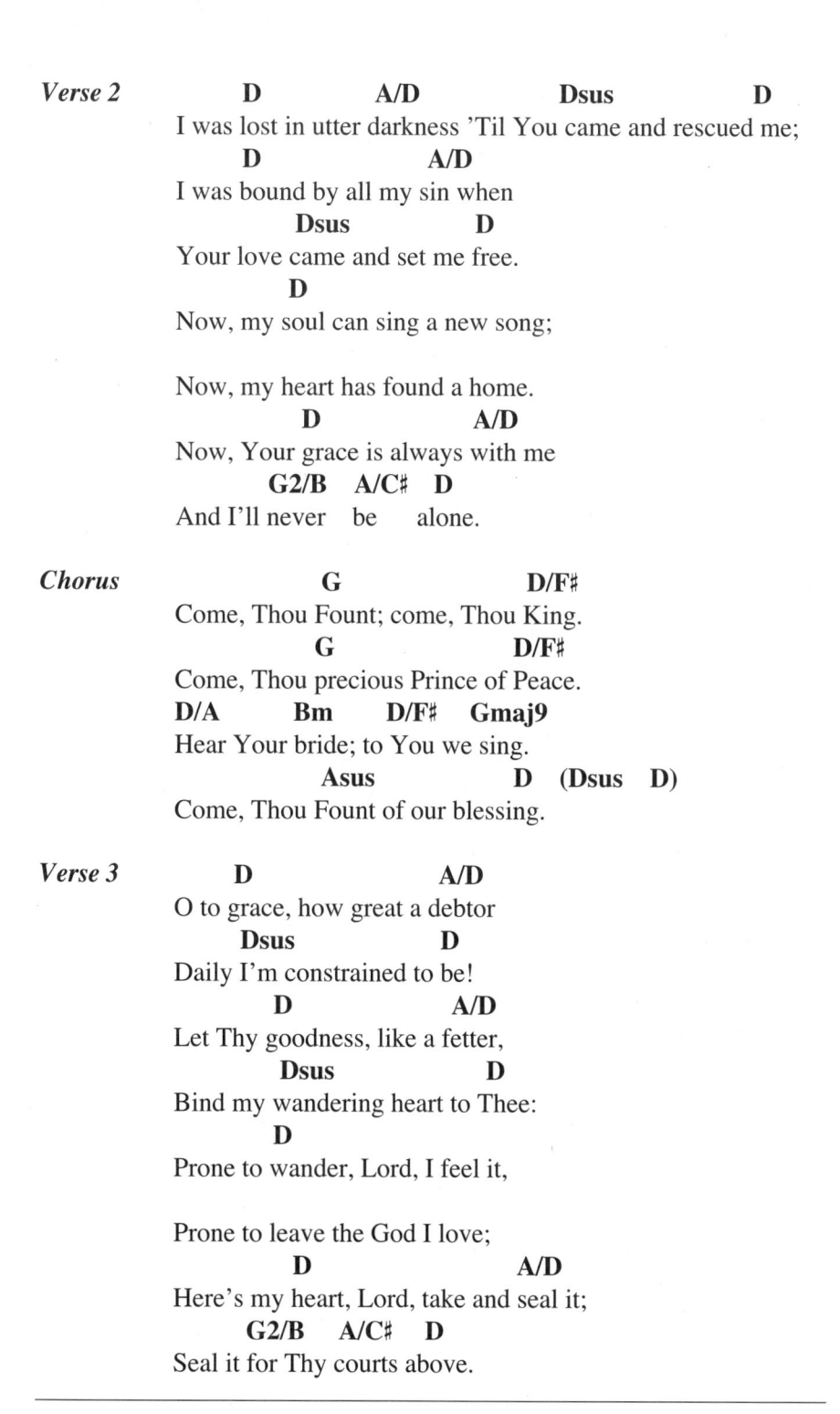

Verse 2

         D   **A/D**   **Dsus**   **D**
I was lost in utter darkness 'Til You came and rescued me;
    D   **A/D**
I was bound by all my sin when
  Dsus   **D**
Your love came and set me free.
    D
Now, my soul can sing a new song;

Now, my heart has found a home.
    D   **A/D**
Now, Your grace is always with me
  G2/B **A/C#** **D**
And I'll never be alone.

Chorus

      G   **D/F#**
Come, Thou Fount; come, Thou King.
      G   **D/F#**
Come, Thou precious Prince of Peace.
D/A   **Bm**   **D/F#** **Gmaj9**
Hear Your bride; to You we sing.
    Asus   **D** (**Dsus** **D**)
Come, Thou Fount of our blessing.

Verse 3

    D   **A/D**
O to grace, how great a debtor
  Dsus   **D**
Daily I'm constrained to be!
    D   **A/D**
Let Thy goodness, like a fetter,
  Dsus   **D**
Bind my wandering heart to Thee:
    D
Prone to wander, Lord, I feel it,

Prone to leave the God I love;
    D   **A/D**
Here's my heart, Lord, take and seal it;
  G2/B **A/C#** **D**
Seal it for Thy courts above.

Desert Song

Words and Music by
BROOKE FRASER

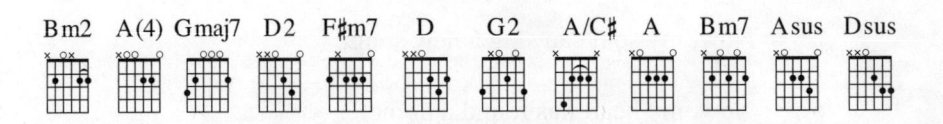

Melody: This is my prayer in the des-ert

Bm2 A(4) Gmaj7 D2 F#m7 D G2 A/C# A Bm7 Asus Dsus

Verse 1
    Bm2   **A(4)**   **Gmaj7** **D2**
This is my prayer in the desert
    Bm2   **A(4)**   **Gmaj7** **D2**
When all that's within me feels dry.
    Bm2   **A(4)**   **Gmaj7**   **D2**
This is my prayer in my hunger and need:
    Bm2   **A(4)**   **Gmaj7**
My God is the God who provides.

Verse 2
      Bm2   **A(4)**   **Gmaj7** **D2**
And this is my prayer in the fire,
  Bm2   **A(4)** **Gmaj7** **D2**
in weakness or trial or pain:
  Bm2   **A(4)**   **Gmaj7**   **D2**
There is a faith proved of more worth than gold,
    Bm2   **F#m7**   **Gmaj7**
so refine me, Lord, through the flame.

Chorus
         D   **A(4)**
And I will bring praise. I will bring praise.
      G2   **D**
No weapon formed against me shall remain.
A/C# **A**   **Bm7**
I will rejoice. I will declare:
      G2   **A(4)** **Bm2**
God is my victory, and He is here.

© Copyright 2007 Hillsong Publishing (APRA) (Administered in the US and Canada at EMICMGPublishing.com).
All rights reserved. Used by permission.

Verse 3
    Bm7 **A(4)**   **Gmaj7**
  And this is my prayer in the battle,
    Bm2 **A(4)**   **Gmaj7** **D2**
  when triumph is still on its way:
  Bm2 **A(4)**   **Gmaj7** **D2**
  I am a conqueror and co-heir with Christ,
    Bm2   **F♯m7** **Gmaj7**
  so firm on His promise I'll stand.

Bridge **D**   **Bm7**
  All of my life, in every season, You are still God.
        Asus
  I have a reason to sing.
  G2   **D** **Dsus** **D**
  I have a reason to worship.

Interlude **A(4)** **Gmaj7** **D2** **Bm2**
      You are Lord.
   A(4) **Gmaj7**   **D2** **Bm2**
      You are here, my Lord.

Do It, Lord

Words and Music by
TOMMY WALKER
and LARRY WALKER

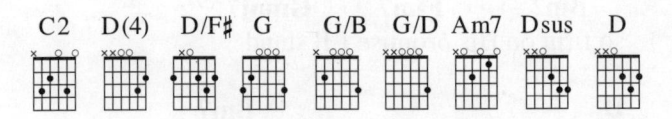

Melody:

I see Your glo-ry cov-er-ing the earth, Lord,

C2   D(4)   D/F#   G   G/B   G/D   Am7   Dsus   D

Verse 1
C2   D(4)
I see Your glory covering the earth, Lord,
C2   D/F#   G
Just as the waters are covering the sea.
C2   D(4)
I see the millions coming to salvation,
C2   D/F#   G
I see revival fire in the land.
C2   D(4)
I see the lost, nameless ones remembered,
C2   D/F#   G
I see the widows shouting out Your praise.
C2   D(4)
I see the friendless loved and celebrated,
C2   D/F#   G
Orphans fulfilling, Lord, Your calling on their lives.

Verse 2
C2   D(4)
I see forgiveness overtaking hatred,
C2   D/F#   G
Pride and prejudice now giving way to love.
C2   D(4)
I see depression replaced with joy and gladness,
C2   D/F#   G
And Satan's lies now bowing to the truth.

© Copyright 2007 Universal Music - Brentwood Benson Songs (BMI) (Licensing through Music Services).
All rights reserved. Used by permission.

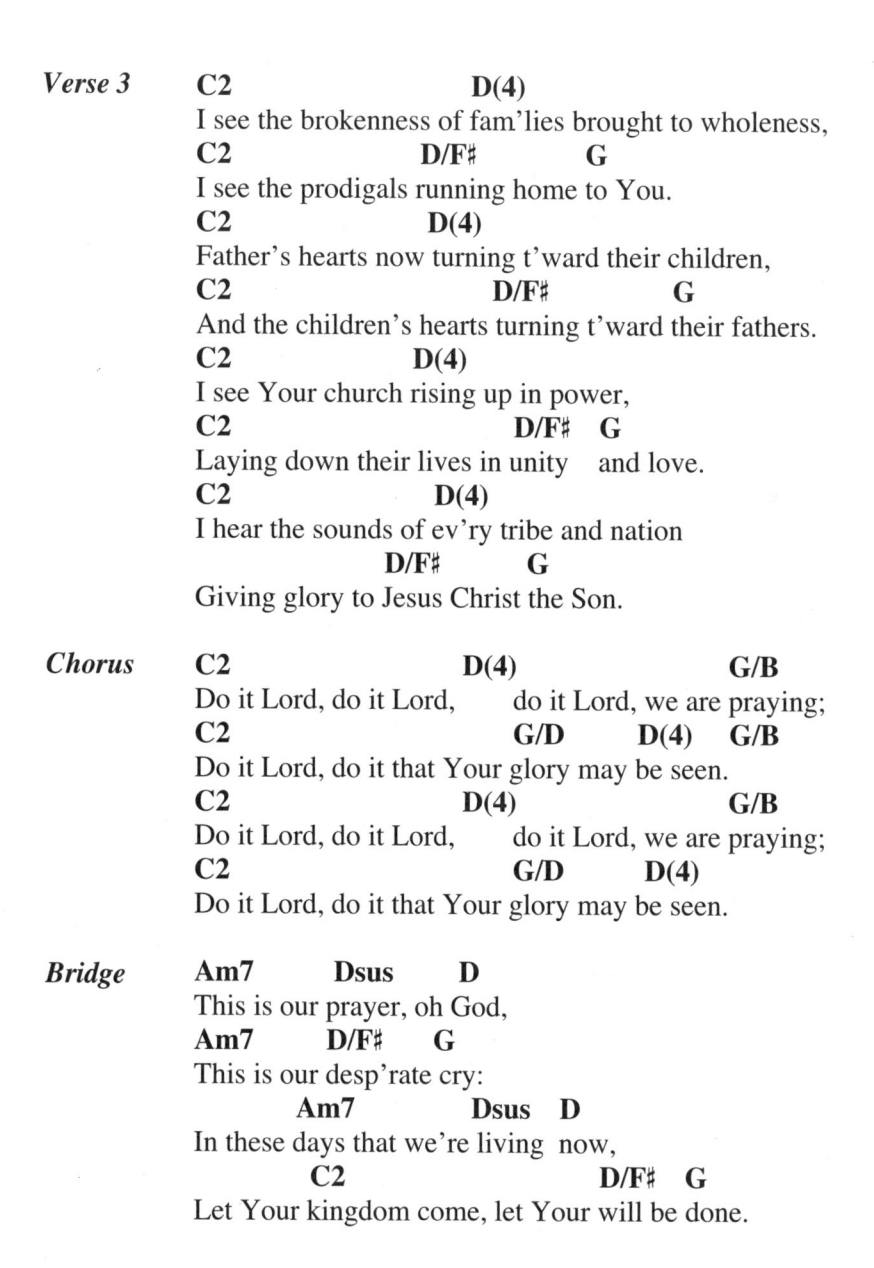

Verse 3   **C2**   **D(4)**
I see the brokenness of fam'lies brought to wholeness,
C2   **D/F#**   **G**
I see the prodigals running home to You.
C2   **D(4)**
Father's hearts now turning t'ward their children,
C2   **D/F#**   **G**
And the children's hearts turning t'ward their fathers.
C2   **D(4)**
I see Your church rising up in power,
C2   **D/F#**   **G**
Laying down their lives in unity   and love.
C2   **D(4)**
I hear the sounds of ev'ry tribe and nation
              D/F#   **G**
Giving glory to Jesus Christ the Son.

Chorus   **C2**   **D(4)**   **G/B**
Do it Lord, do it Lord,   do it Lord, we are praying;
C2   **G/D**   **D(4)**   **G/B**
Do it Lord, do it that Your glory may be seen.
C2   **D(4)**   **G/B**
Do it Lord, do it Lord,   do it Lord, we are praying;
C2   **G/D**   **D(4)**
Do it Lord, do it that Your glory may be seen.

Bridge   **Am7**   **Dsus**   **D**
This is our prayer, oh God,
Am7   **D/F#**   **G**
This is our desp'rate cry:
       Am7   **Dsus**   **D**
In these days that we're living   now,
      C2   **D/F#**   **G**
Let Your kingdom come, let Your will be done.

Faithful God

Words and Music by
TRAVIS COTTRELL
and CARL CARTEE

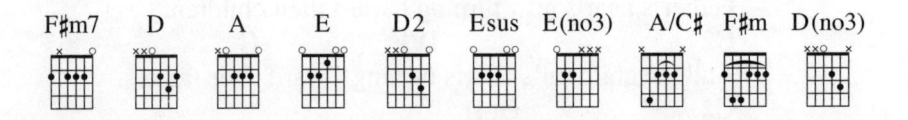

Melody: I see— You—

F#m7 D A E D2 Esus E(no3) A/C# F#m D(no3)

Verse 1

F#m7　　　　D
I see You turning ashes to beauty,
A　　　　　　　E
Bringing this dead man to life.
　　　　　F#m7　　　D
Here You are, in the midst of the sadness,
A　　　　　　　E
Wipin' the tears from my eyes.
　　　　F#m7　　D
I can hear the song of redemption
A　　　　　　　　　E
Filling my heart with Your praise.

Chorus

D2　　　　　　　F#m7　　E
Faithful God, You reign forever.
D　　　A　　　F#m7　　E
We will hope in Your great name.
D　　　A　　　F#m7　　E
Strong and mighty, King of heaven,
D　　　A　　　F#m7　　E
We will worship You, O Faithful God,
D　A　Esus　E(no3)　D　A　E(no3)
　　　Faithful God.

© Copyright 2011 Universal Music - Brentwood Benson Publishing / Great Revelation Music (ASCAP) /
Universal Music - Brentwood Benson Songs / Electra Car Publishing (BMI) (Licensing through Music Services).
All rights reserved. Used by permission.

Verse 2
```
            F#m7   D
You see me as a child who's forgiven,
A                   E
Clothed in the mercy of Christ.
       F#m7   D
Here I am unashamed and surrendered;
A                   E
I have been bought with a price.
          F#m7   D
Can You hear the sound of Your people
A                   E
Shaking the earth with Your praise?
```

Bridge
```
D2                      E              A/C#
You turned my mourning into dancing and celebration.
D2                      E         F#m   E
You took my sorrow, and You gave me Your joy!
D2                      E              A/C#
You broke my bondage, and You gave me my liberation,
D2             E
And I will ever praise You!
```

Chorus
(last time)
```
D(no3)         Esus   E
Faithful God, You reign forever.
D(no3)         Esus   E
We will hope in Your great name.
D(no3)         Esus   E
Strong and mighty King of heaven,
D(no3)         Esus   E    D(no3)   Esus   E
We will worship You, O faithful God.
```

Forever Reign

Words and Music by
JASON INGRAM and REUBEN MORGAN

Melody: You are good, You are good when there's noth-ing good in me

A2(no3)   Esus/G♯   E/A   F♯m7   E   D   D2(no3)   A

Verse 1   **A2(no3)**
You are good, You are good

When there's nothing good in me.
Esus/G♯
You are love, You are love on display for all to see.
A2(no3)
You are light, You are light when the darkness closes in.
Esus/G♯
You are hope, You are hope, You have covered all my sin.

Chorus   **A**   **E/A**   **F♯m7**
Oh, I'm running to Your arms, I'm running to Your arms;
F♯m7   E   D
The riches of Your love will always be enough.
F♯m7   E   D
Nothing compares to Your embrace.
F♯m7   E   D2(no3)
Light of the world, forever reign!

© Copyright 2009 (Arr. © Copyright 2012) Shout! Publishing (ASCAP) (Administered in US and Canada at EMICMGPublishing.com) / Sony/ATV Music Publishing LLC. All rights on behalf of Sony/ATV Music Publishing LLC administered by Sony/ATV Music Publishing LLC (8 Music Square West, Nashville, TN 37203).
All rights reserved. International copyright secured. Used by permission.
Reprinted by permission of Hal Leonard Corporation.

Verse 2
    A2(no3)
You are peace, You are peace when my fear is crippling.
   Esus/G♯
You are true, You are true even in my wandering.
   A2(no3)
You are joy, You are joy, You're the reason that I sing.
   Esus/G♯   **A**
You are life, You are life, in You death has lost its sting.

Verse 3
    A2(no3)
You are more, You are more than my words will ever say.
   Esus/G♯
You are Lord, You are Lord, all creation will proclaim.
   A2(no3)
You are here, You are here;

In Your presence I'm made whole.
   Esus/G♯   **A**
You are God, You are God; of all else I'm letting go.

Bridge **F♯m7**   **D**   **A**   **E**
   My heart will sing no other name; Jesus, Jesus.
   F♯m7   **D**   **A** **E** **D2(no3)**
   My heart will sing no other name; Jesus, Jesus.

Friend of Sinners

Words and Music by
LAURA STORY and
BRENTON BROWN

Capo 2nd fret and play in E.

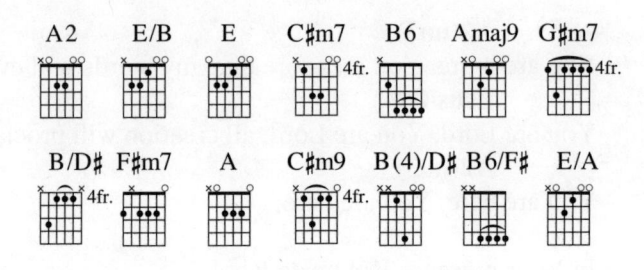

Intro   A2   E/B   A2   E

Verse 1
       A2   E
You have shown us what is holy,
       A2   E
How to bless the Father's heart:
       A2   C#m7   A2   E
To act justly and love mercy, to walk humbly with our God.

Pre-Chorus
B6   Amaj9   G#m7   Amaj9
This is who You are.   This is who You are:

Chorus
        E   B/D#   F#m7   A
Friend of sinners, our Deliverer, Jesus, Savior of the world,
        E   B/D#   F#m7   A
Sent from heaven, King of glory, yet the Servant of us all.

© Copyright 2011 New Spring Publishing, a division of Brentwood-Benson Music Publishing / Laura Stories (ASCAP) (Licensing through Music Services) / Thankyou Music (PRS) (Administered worldwide at EMICMGPublishing.com excluding Europe which is administered by Kingswaysongs).
All rights reserved. Used by permission.

Verse 2
              A2   **E**
So give us hearts that help the widow.
       A2   **E**
Give us hands that feed the poor.
       A2   **C♯m7**
Give us words that bring Your healing
     A2   **E**
To this hurt and broken world.

Bridge **C♯m9**   **B(4)/D♯**
          In kindness,   in meekness,
    Amaj9   **F♯m7**
        You revealed the all-seeing God.
    C♯m9   **B(4)/D♯**
       In mercy,
                A2
You've shown us   who You are:

Ending **E** **B6/F♯** **E/A** **A2** **E**

Glorious

Words and Music by
BRENTON BROWN
and PAUL BALOCHE

Melody: Look inside the mys-t'ry,

C Em Am7 Gsus F2 F G

Verse 1
C   Em   Am7
Look inside the myst'ry,   see the empty cross;
Gsus   F2
See the risen Savior, victorious and strong.
C   Em   Am7
No one else above Him,   none as strong to save.
Gsus   F2
He alone has conquered the power of the grave.

Chorus
        F2   F   F2   C
Glorious, my eyes have seen the glory of the Lord.
        F2   F   F2   C
Glorious, He stands above the rulers of the earth.

         G   Am7   F2   C   C
Glorious, glorious, Lord, You are   glorious.
(*2nd time only*)

Verse 2
C   Em   Am7
Look beyond the tombstone,   see the living God;
Gsus   F2
See the resurrected Ruler of my heart.
C   E2   Am7
No one else above Him,   none to match His worth.
        Gsus   F2
The hope of His returning fills the universe.

Tag
  C   Am7   F2
Oh,   You are glorious (*repeat*)

© Copyright 2009 Thankyou Music (PRS) (Administered worldwide at EMICMGPublishing.com excluding Europe which is administered by Kingswaysongs) / Integrity Worship Music / Leadworship Songs (ASCAP) (Administered at EMICMGPublishing.com). All rights reserved. Used by permission.

Glorious

Words and Music by
CHRIS TOMLIN
and JESSE REEVES

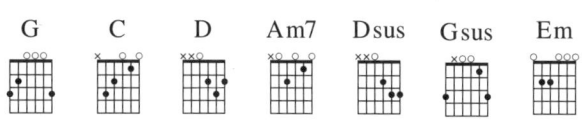

Melody:

We lift our hands in praise to You,

G   C   D   Am7   Dsus   Gsus   Em

Verse 1

      G
We lift our hands in praise to You,
                             C
Lift our hearts in worship to You, Lord.
                 G
We lift our voice to You and sing.
                                  C D G
Our greatest love will ever be You, Lord, You, Lord.

Chorus   G   D   G   C
              Glorious over us,
              Am7   **Dsus** **D** **G**
                You shall reign   glorious.

Turn Around Gsus G Gsus

Bridge Em   D   C   D Em   D C   D
             Majes- ty and power are Yours a- lone, forever.
             Em   D   C   D Em   D C   D
             Majes- ty and power are Yours a- lone, forever.

Verse 2

      G
There is a King that we adore.
                                C
With humble hearts we bow before You, Lord.
              G
There is a place we long to be.
                                C D G
Yes, face to face, we long to see You, Lord, You, Lord.

© Copyright 2006 worshiptogether.com Songs / sixsteps Music / Vamos Publishing (ASCAP)
(Administered at EMICMGPublishing.com). All rights reserved. Used by permission.

Glorious Day (Living He Loved Me)

Words and Music by
MICHAEL BLEECKER
and MARK HALL

Melody:

One day when heav - en was filled with His prais - es,

A   Dmaj7   D6   Bm   D   F#m   D2   E   F#m7

Verse 1
     A   Dmaj7   D6   A
One day when heaven was filled with His praises,
          Dmaj7   D6   A
One day when sin was as black as could be,
          Dmaj7   D6   A
Jesus came forth to be born of a virgin,
          Dmaj7   D6   Bm
Dwelt among men, my example is He!
          D   F#m
The Word became flesh, and the Light shined among us,
          D2
His glory revealed!

Chorus
          A   E
Living, He loved me; dying, He saved me;
          F#m7   D2
And buried, He carried my sins far away;
          A   E
Rising, He justified freely forever;
          F#m7   D2
One day He's coming-O glorious day! O glorious day!

© Copyright 2009 (Arr. © Copyright 2012) Word Music, LLC / My Refuge Music (BMI)
(Administered at EMICMGPublishing) / Sony/ATV Music Publishing LLC. Sony/ATV Music Publishing LLC
administered by Sony/ATV Music Publishing LLC (8 Music Square West, Nashville, TN 37203).
All rights reserved. Used by permission.
Reprinted by permission of Hal Leonard Corporation.

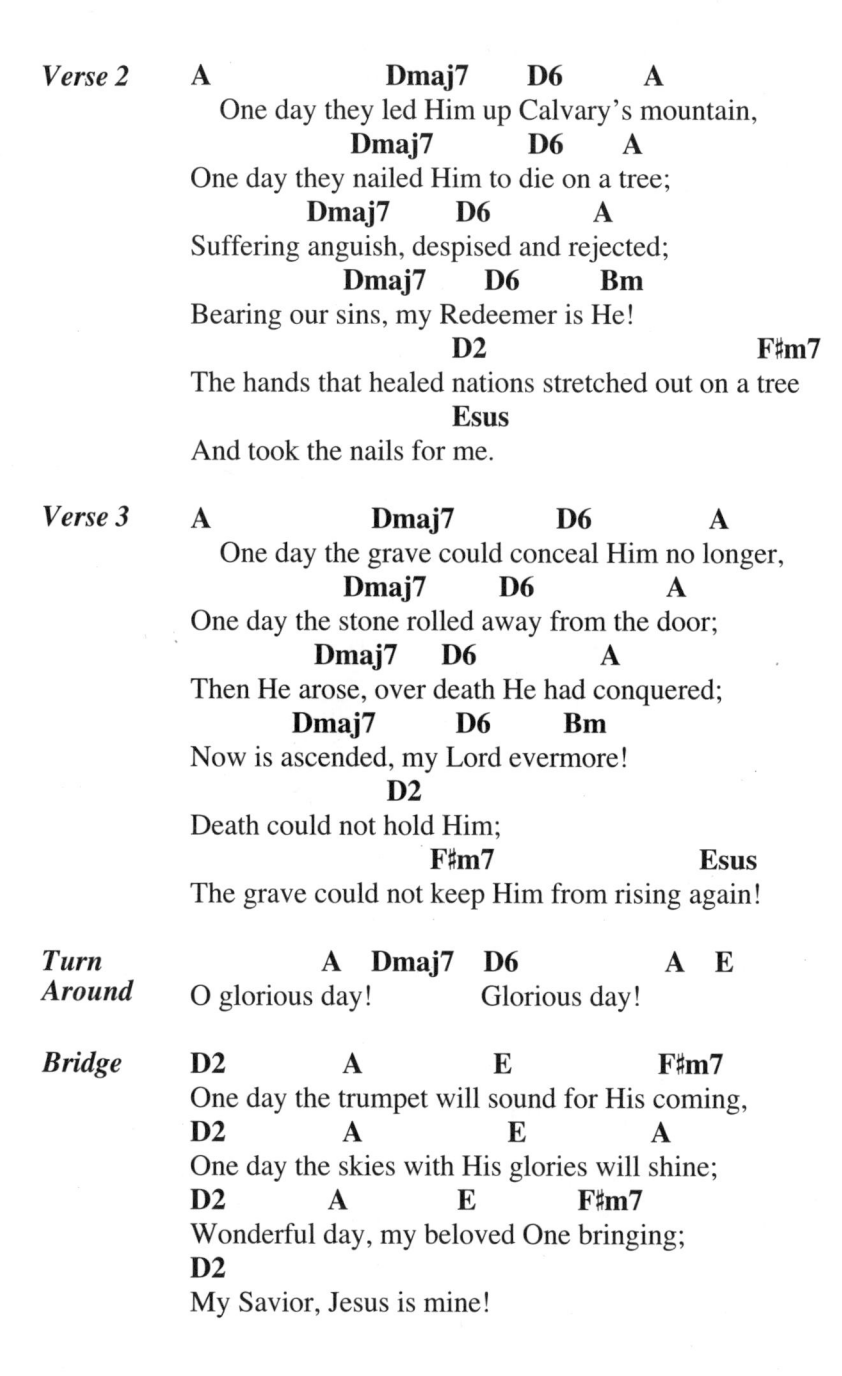

Verse 2   **A**   **Dmaj7**   **D6**   **A**
                 One day they led Him up Calvary's mountain,
                Dmaj7   **D6**   **A**
            One day they nailed Him to die on a tree;
                Dmaj7   **D6**   **A**
            Suffering anguish, despised and rejected;
                   Dmaj7   **D6**   **Bm**
            Bearing our sins, my Redeemer is He!
                         D2   **F♯m7**
            The hands that healed nations stretched out on a tree
                         Esus
            And took the nails for me.

Verse 3   **A**   **Dmaj7**   **D6**   **A**
               One day the grave could conceal Him no longer,
                Dmaj7   **D6**   **A**
            One day the stone rolled away from the door;
                Dmaj7 **D6**   **A**
            Then He arose, over death He had conquered;
                Dmaj7   **D6**   **Bm**
            Now is ascended, my Lord evermore!
                       D2
            Death could not hold Him;
                      F♯m7   **Esus**
            The grave could not keep Him from rising again!

Turn   **A** **Dmaj7** **D6**   **A**   **E**
Around O glorious day!   Glorious day!

Bridge   **D2**   **A**   **E**   **F♯m7**
            One day the trumpet will sound for His coming,
            D2   **A**   **E**   **A**
            One day the skies with His glories will shine;
            D2   **A**   **E**   **F♯m7**
            Wonderful day, my beloved One bringing;
            D2
            My Savior, Jesus is mine!

Glory in the Highest

Words and Music by
CHRIS TOMLIN, DANIEL CARSON, ED CASH,
JESSE REEVES and MATT REDMAN

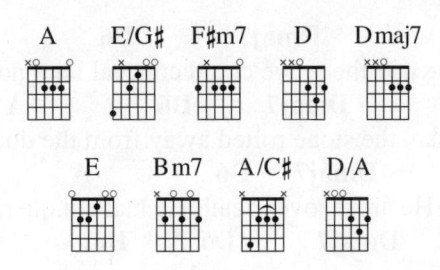

Verse 1
    A   **E/G#**
You are the First;   You go before.
F#m7   **D**
You are the Last;   Lord, You're the encore.
A   **E/G#**
Your name's in lights   for all to see.
F#m7   **D**
The starry host   declare Your glory.

Chorus
                    Dmaj7 **E**   **F#m7**
Glory in the highest,   glory in the highest,
E   **Bm7** **A/C#** **D**
Glory in the highest.

© Copyright 2006 Thankyou Music (PRS) (Administered worldwide at EMICMGPublishing.com excluding Europe which is administered by Kingswaysongs) / worshiptogether.com Songs / sixsteps Music / Vamos Publishing (ASCAP) (Administered at EMICMGPublishing.com) / Alletrop Music (BMI) (Administered by Music Services). All rights reserved. Used by permission.

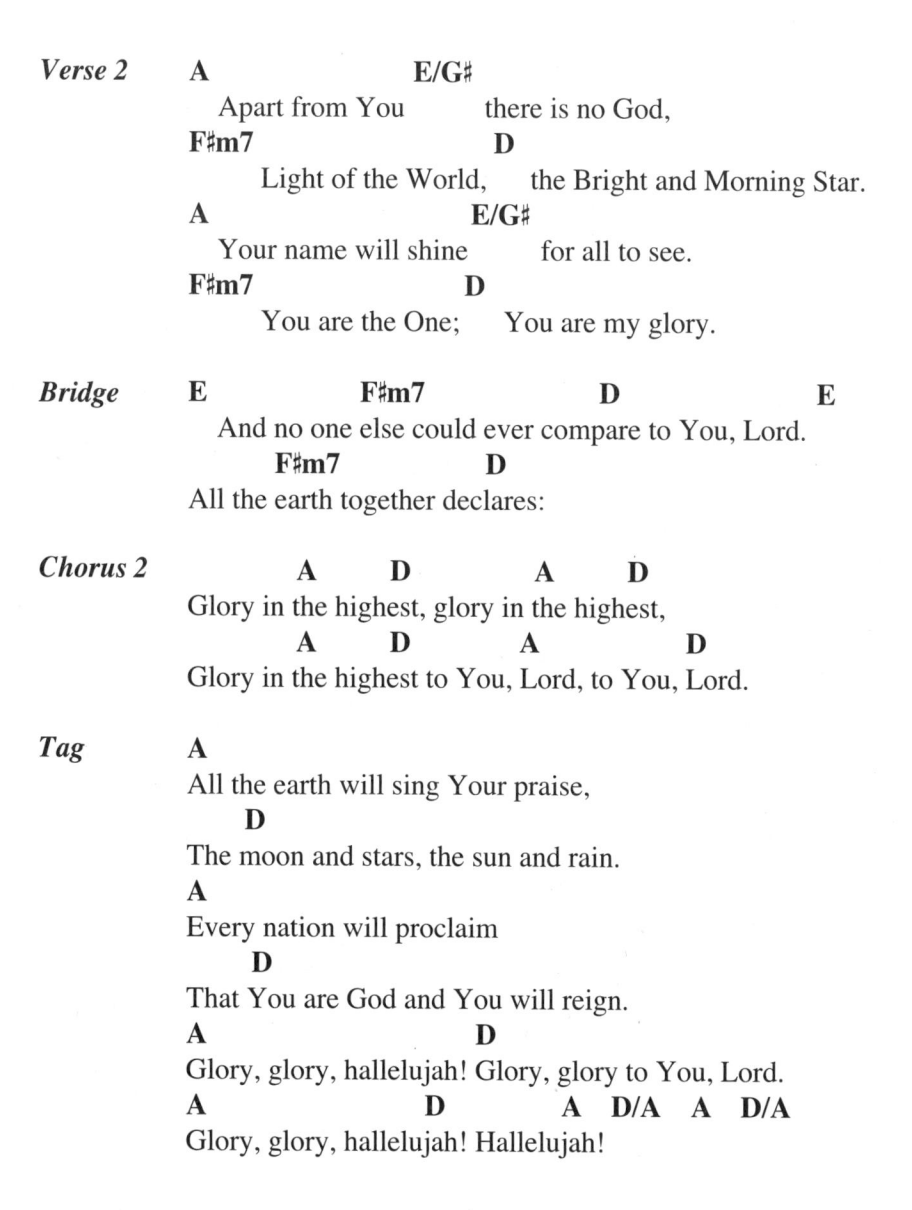

Verse 2 **A**   **E/G♯**
     Apart from You there is no God,
   F♯m7   **D**
     Light of the World, the Bright and Morning Star.
   A   **E/G♯**
     Your name will shine for all to see.
   F♯m7   **D**
     You are the One; You are my glory.

Bridge **E**   **F♯m7**   **D**   **E**
     And no one else could ever compare to You, Lord.
     F♯m7   **D**
    All the earth together declares:

Chorus 2   **A** **D** **A** **D**
    Glory in the highest, glory in the highest,
     A **D** **A** **D**
    Glory in the highest to You, Lord, to You, Lord.

Tag **A**
    All the earth will sing Your praise,
     D
    The moon and stars, the sun and rain.
    A
    Every nation will proclaim
     D
    That You are God and You will reign.
    A   **D**
    Glory, glory, hallelujah! Glory, glory to You, Lord.
    A   **D**   **A** **D/A** **A** **D/A**
    Glory, glory, hallelujah! Hallelujah!

Glory to Your Name

Words and Music by
DAVID MOFFITT
and CARL CARTEE

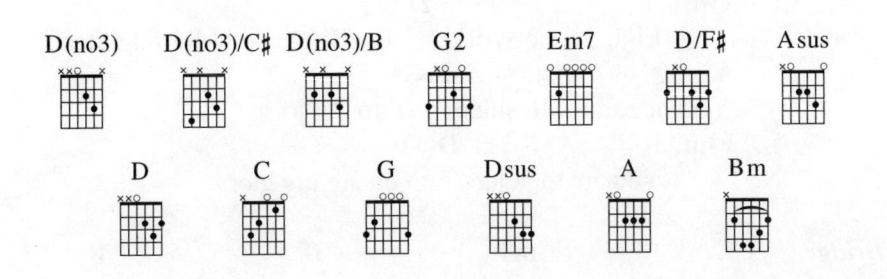

Melody: Your name is light,

Chord diagrams: D(no3), D(no3)/C#, D(no3)/B, G2, Em7, D/F#, Asus, D, C, G, Dsus, A, Bm

Verse 1
    D(no3)   **D(no3)/C#**
Your name is light, our hope in darkness,
D(no3)/B   **G2**
Your name is strong to save the day.
D(no3)   **D(no3)/C#**
Your name is great, our mighty fortress.
D(no3)/B   **G2**
When all else crumbles, You remain.
Em7   **D/F#**
Hallelujah to the One whose faithfulness goes on and on.
G2   **Asus**   **D**
This is our everlasting song:

Chorus
           C   **G**
Glory to Your name, our God and our Savior.
      D   **Dsus**   **D**
Worthy of praise, all the praise, all the praise.
          C   **G**
Forever, You reign, Almighty Redeemer.
      A
We are saved, we are saved, we are saved!
     G   **D**   **A**
Glory to Your name, yeah, yeah!
     G   **D**   **A**
Glory to Your name, yeah, yeah!

© Copyright 2010 Universal Music - Brentwood Benson Publishing (ASCAP) /
Universal Music - Brentwood Benson Songs / Electra Car Publishing (BMI) (Licensing through Music Services).
All rights reserved. Used by permission.

Verse 2

D(no3)	**D(no3)/C♯**

For those in chains, Your name is freedom.

D(no3)/B   **G2**

Your name is mercy for the lost.

D(no3)   **D(no3)/C♯**

Your name is life poured out for sinners.

D(no3)/B   **G2**

Your name is love upon the cross.

Em7   **D/F♯**

Hallelujah to the One; the Lamb of God, the Risen Son.

G2   **Asus**   **D**

This is our everlasting song:

Bridge

G   **Bm**

All glory to the name, the name above all names:

Asus   **A**   **Asus**   **A**

Je-   sus! Je-   sus! *(repeat 3 more times)*

God with Us

Words and Music by
BART MILLARD, MIKE SCHEUCHZER,
JIM BRYSON, NATHAN COCHRAN,
BARRY GRAUL and ROBBY SHAFFER

Melody: Who are we

B(no3) Bmaj7(no3) G#m7 G#m9 E2(no3) E2(#4) F# F#sus F#(add4)

Verse 1
        B(no3) Bmaj7(no3) B(no3)
Who are we
Bmaj7(no3)   G#m7 G#m9 G#m7 G#m9
That You would be mindful of us?
      E2(no3) E2(#4)
What do You   see
E2(no3)   E2(#4)   B(no3) Bmaj7(no3)
That's worth looking our way?
B(no3) Bmaj7(no3)   B(no3) Bmaj7(no3)
        We are free
B(no3) Bmaj7(no3)   G#m7 G#m9
    In ways that we never   should be.
G#m7 G#m9 E2(no3) E2(#4)
    Sweet release
E2(no3)   E2(#4)   B(no3) Bmaj7(no3)
    From the grip of these chains.
B(no3) Bmaj7(no3)

Channel   **F#**
    Like hinges straining from the weight,
    E2(no3)
My heart no longer can keep from singing.

© Copyright 2007 Simpleville Music / Wet as a Fish Music (ASCAP) (All rights administered by Simpleville Music, Inc.).
All rights reserved. Used by permission.

Chorus
    B(no3) Bmaj7(no3) B(no3) Bmaj7(no3)
    All   that is with- in me   cries for
    F♯sus F♯(add4) F♯sus F♯(add4)
    You   alone. Be   glori-   fied,
    E2(no3) E2(♯4) E2(no3) E2(♯4) B(no3)
    Emmanu-   el,   God with us.
    Bmaj7(no3) B(no3) Bmaj7(no3)
    B(no3) Bmaj7(no3) B(no3) Bmaj7(no3)
    My heart   sings a   brand new song.
    F♯sus F♯(add4) F♯sus F♯(add4)
    The debt is paid. These chains are gone.
    E2(no3) E2(♯4) E2(no3) E2(♯4) B(no3)
    Emmanu-   el,   God with us.
    Bmaj7(no3) B(no3) Bmaj7(no3)

Verse 2
           B(no3) Bmaj7(no3) B(no3)
    Lord, You know
    Bmaj7(no3)   G♯m7   G♯m9   G♯m7
    Our hearts don't deserve Your glory,
    G♯m9   E2(no3) E2(♯4)
    But still You show
    E2(no3) E2(♯4)   B(no3)
    A love   we cannot afford.
    Bmaj7(no3) B(no3) Bmaj7(no3)

Bridge
        B(no3)   F♯
    Such a tiny offering compared to Calvary.
        E2(no3)   B(no3)
    Nevertheless, we lay it at Your feet. *(repeat)*

TOP 100 MODERN WORSHIP SONGS

God You Reign

Words and Music by
LINCOLN BREWSTER
and MIA FIELDES

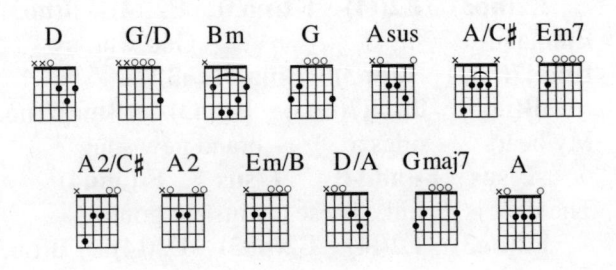

Melody: You paint the night.

Chords: D, G/D, Bm, G, Asus, A/C#, Em7, A2/C#, A2, Em/B, D/A, Gmaj7, A

Verse 1

D　　　　　G/D
　You paint the night.
D　　　　　G/D
　You count the stars, and You call them by name.
Bm　　　　G　　　　　D　　G/D
　The skies proclaim, "God, You reign."
D　　　　　G/D
　Your glory shines.
D　　　　　G/D
　You teach the sun when to bring a new day.
Bm　　　　G　　　　　D
　Creation sings, "God, You reign."

Chorus

　　　　　G　　　　　Bm
God, You reign. God, You reign.
　　　　　Asus　G　　　D
Forever and ever, God, You reign.

© Copyright 2008 Shout! Publishing (ASCAP) (Administered in the US and Canada at
EMICMGPublishing.com) / Integrity's Praise! Music (BMI) (Administered at EMICMGPublishing.com).
All rights reserved. Used by permission.

Verse 2   **D**   **G/D**
             You part the seas.
        D   **G/D**
             You move the mountains with the words that You say.
        Bm   **G**   **D**   **G/D**
             My song remains, "God, You reign."
        D   **G/D**
             You hold my life.
        D   **G/D**
             You know my heart, and You call me by name.
        Bm   **G**   **D**
             I live to say, "God, You reign."

Bridge   **D** **A/C♯**   **Em7** **D**   **Bm** **A2/C♯**   **D**
           Hal-le-   lu-   jah! Hal- le-   lu!
                A/C♯   **Em7** **D**   **Bm** **A2**   **D**
           Halle-   lu-   jah! Hal- le-   lu!
                A/C♯   **Em/B** **D/A**   **Gmaj7**   **A**   **D**
           Hal-le-   lu-   jah!   Hal-   le- lu!
                A/C♯   **Em/B** **D/A**   **Gmaj7**   **A**   **D**
           Halle-   lu-   jah!   Hal-   le- lu!

Glory to God Forever

Words and Music by
STEVE FEE and
VICKY BEECHING

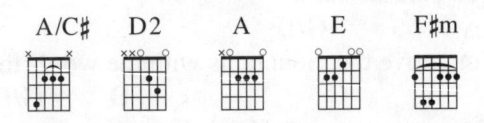

Melody: Be-fore the world was made,

A/C♯   D2   A   E   F♯m

Verse 1

A/C♯   D2   A   E
Before the world was made, before You spoke it to be,
A/C♯   D2   A
You were the King of kings.
                E
Yeah, You were. Yeah, You were.
A/C♯   D2   A   E
And now You're reigning still, enthroned above all things.
A/C♯   A   E
Angels and saints cry out. We join them as we sing:

Chorus

D2   A   E   F♯m   D2   A   E
Glory to God. Glory to God.   Glory to God forever.
D2   A   E   F♯m   D2   A   E
Glory to God. Glory to God.   Glory to God forever.

Verse 2

A/C♯   D2   A   E
Creator God, You gave me breath so I could praise
A/C♯   D2   E
Your great and matchless name all my days, all my days.
A/C♯   D2   A   E
So let my whole life be a blazing offering,
A/C♯   D2   A   E
A life that shouts and sings the greatness of our King.

Bridge

D2   A   E   F♯m
Take my life, and let it be all for You and for Your glory.
D2   A   E
Take my life, and let it be Yours.

© Copyright 2009 Thankyou Music (PRS) (Administered worldwide at EMICMGPublishing.com
excluding Europe which is administered by Kingswaysongs) / Worship Together Music / Sixsteps BMI Designee (BMI)
(Administered at EMICMGPublishing.com). All rights reserved. Used by permission.

Grace Flows Down

Words and Music by
DAVID BELL, LOUIE GIGLIO
and ROD PADGETT

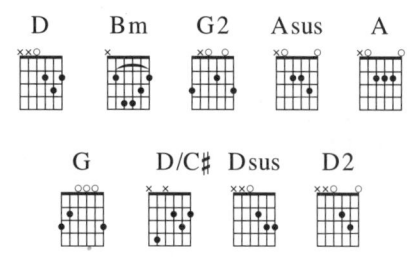

Melody: A - maz - ing grace,

D Bm G2 Asus A

G D/C# Dsus D2

Verse
D   Bm   G2   Asus   A
  Amazing grace,   how sweet the sound;
D   Bm   G2   Asus   A
  Amazing love,   now flowing down
G   Asus   A
  From hands and feet
              D   D/C#   Bm   A
  That were nailed to the tree
G   Asus   A   D   Dsus   D
  As grace flows down and covers me.

Chorus
              G2   Asus   A   G2   Asus   A
  It covers me,   it covers me,
              G2   Asus   A
  It covers me,
              D2   Bm   G2   Asus   A   D
  And covers me.

© Copyright 2000 worshiptogether.com Songs / sixsteps Music (ASCAP) (Administered at EMICMGPublishing.com).
All rights reserved. Used by permission.

Great and Marvelous

Words and Music by
TOMMY WALKER

Melody:

Great and mar-vel-ous   are all Your works, O Lord.

Capo 1st fret and play in D.

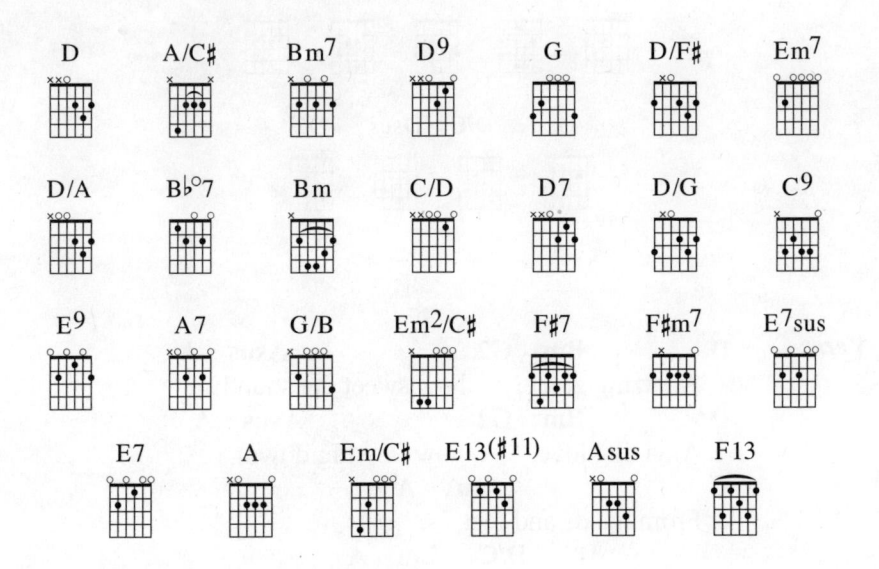

D   A/C#   Bm7   D9   G   D/F#   Em7
D/A   B♭°7   Bm   C/D   D7   D/G   C9
E9   A7   G/B   Em2/C#   F#7   F#m7   E7sus
E7   A   Em/C#   E13(#11)   Asus   F13

Chorus
D   A/C#   Bm7   D9
   Great and marvelous   are all Your works, O Lord.
G   D/F#   Em7   D/A   B♭°7   Bm
   King of the ages,   we give You prais- es.
             A/C#   C/D   D7   D/G   C9
   Who will not fear You   or glorify   Your name?
D/A   E9   A7   D
   We bring You all   our   praise.
(G/B   A/C# - *1st time*) (Em2/C#   F#7   Bm - *2nd time*)

© Copyright 2001 Bridge Building Music, a division of Brentwood-Benson Music Publishing / We Mobile Music (BMI)
(Licensing through Music Services). All rights reserved. Used by permission.

Verse   **Bm**   **F♯m7**   **Bm7**   **E7sus**   **E7**
           All of the nations   will worship before   Thee,
       G   **D/A**   **A**   **Em/C♯**   **F♯7**   **Bm7**
           For You have revealed Your righteousness to us.
                       F♯m7   **Bm7**   **E7sus**   **E13(♯11)**
           You are the only   One who is ho-   ly.
       Em7   **D/F♯**
           Who will not fear You,
             G   **D/F♯**   **Em7**   **Asus**
           And who will not praise   Your holy name?

Bridge   **Em7**   **D/F♯**   **G**   **D/F♯**
           Who will not fear You and who will not praise,
       Em7   **D/F♯**   **G**   **A**   **F13**
           Who will not glorify Your awesome name?
       Em7   **D/F♯**   **G**   **D/F♯**   **Em7**
           Who will not celebrate all of Your ways,
               A   **Bm7**
           Almighty God?

Great Are You Lord

Words and Music by
TONY WOOD and
JAMES RUEGER

Melody: The beau-ty of Your maj-es-ty

Capo 1st fret and play in C.

C   Am7   F   Gsus   Dm7   G   F2

Verse 1
    C
The beauty of Your majesty
  Am7
Displayed for all the world to see.
  F
Is it any wonder? Is it any wonder?
  C   **Am7**
The glory of Your holiness, the mercy of Your faithfulness.
  F   **Gsus**
Is it any wonder? Is it any wonder?

Chorus
        C
We sing, "Great are You, Lord." For we adore You,
Am7
Lift up Your name, and fall before You.
F   **Gsus**   **C Gsus**
We stand in awe and sing, "Great are You, Lord."
     C
We lift up our voice. We sing, "Holy, holy!
Am7
Hallelujah!" to the One and only.
F   **Gsus**   **Am7**
Forevermore, we'll sing, "Great are You, Lord!"

© Copyright 2008 New Spring Publishing, a division of Brentwood-Benson Music Publishing /
Row J, Seat 9 Songs / As It Were Music (ASCAP) (Licensing through Music Services).
All rights reserved. Used by permission.

Verse 2

          C
Through endless ages, You will reign.
    Am7
Yet every season, You're the same.
         F
Is it any wonder? Is it any wonder?
         C
The power of Your redeeming plan,
Am7
Grace that offers life to man.
         F   **Gsus/F**
Is it any wonder? Is it any wonder?

Interlude   **Dm7** **F**   **C**   **Gsus**
                Oh, is it any wonder,
                Dm7
Any wonder we sing,
F   **Am7**   **G**
  Any wonder we sing, oh?

Bridge 1   **C**
Great are You, Lord. Is it any wonder we sing?
Am7
Great are You, Lord. Is it any wonder we sing?
F2
Great are You, Lord. Is it any wonder?

Bridge 2   **C**
Great are You, Lord. Is it any wonder?
Am7
Great are You, Lord. Is it any wonder?
F   **Gsus**
Great are You, Lord. We sing, "Great are You!"

Tag   **Gsus**   **C**
Sing, "Great are You, Lord!"
                Am7
Sing, "Great are You, Lord!"
                F
Sing, "Great are You, Lord!"
Gsus   **C**
Sing, "Great are You, Lord!"

Healer

Words and Music by
MIKE GUGLIELMUCCI

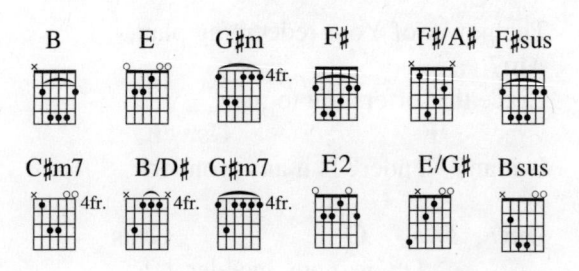

Melody: You hold my ev-'ry mo-ment.

Intro B E G#m E B E G#m E

Verse
     B   E   F#   B
You hold my every moment. You calm my raging sea.
             F#/A#   G#m   E   F#sus F#
You walk with me through fire and heal all my disease.
    C#m7 B/D# E   C#m7 E F#
I trust   in   You. I trust   in   You.

Chorus B
And I believe You're my Healer.
G#m7   F# F#sus E2
I believe You are all   I   need.
B
I believe You're my portion.
G#m7   F#   F#sus E2 F#
I believe You're more than enough for me.
G#m7   F#/A# B
Jesus, You're all I   need.

Interlude E G#m7 E (*1st time*)
              E F# E/G# F#/A# (*2nd time*)

© Copyright 2007 Planet Shakers Ministries International, Inc. (ASCAP) (Administered at EMICMGPublishing.com).
All rights reserved. Used by permission.

Bridge

        G♯m   F♯/A♯   Bsus B   G♯m
For nothing is   impossi- ble for You.
               F♯/A♯   Bsus B
Nothing is   impossi- ble.
G♯m   F♯/A♯   Bsus   B/D♯   E
Nothing is   impossi- ble for You.
             G♯m   F♯
You hold my world in Your hands.

Tag

         E/G♯   F♯/A♯   E
You're more than enough for me.
E/G♯   F♯/A♯   E   F♯
Jesus, You're all I   need.
        E/G♯   F♯/A♯
You're more than enough for me.

Healing Is in Your Hands

Words and Music by
CHRIS TOMLIN, CHRISTY NOCKELS, DANIEL CARSON,
MATT REDMAN and NATHAN NOCKELS

Melody: No moun-tain, no val-ley,

D(no3) D(no3)/C# D(no3)/B A(no3) G(no3)/E Asus

F#m7 G2(no3) D A D/A Em7

Verse 1
D(no3)   D(no3)/C#
   No mountain,   no valley,
D(no3)/B   A(no3)
   No gain or loss we know
G(no3)/E   A(no3)
Could keep us from Your love.

Chorus
D(no3)   Asus   D(no3)/B   F#m7
How high,   how wide;
G2(no3)   D   F#m7   G2(no3)
No matter where I   am, healing is in Your hands.
D(no3)   Asus   D(no3)/B   F#m7
How deep,   how strong;
G2(no3)   D   F#m7   G2(no3)
Now, by Your grace I   stand; healing is in Your hands.

© Copyright 2010 Thankyou Music (PRS) (Administered worldwide at EMICMGPublishing.com
excluding Europe which is administered by Kingswaysongs) / worshiptogether.com Songs /
sixsteps Music / Vamos Publishing / Sweater Weather Music / Said and Done Music (ASCAP)
(Administered at EMICMGPublishing.com). All rights reserved. Used by permission.

Verse 2

D(no3)   **D(no3)/C♯**
  No sickness,   no secret,
D(no3)/B   **A(no3)**
  No chain is strong enough
   G(no3)/E   **A(no3)**
To keep us from Your love,
   G(no3)/E   **A(no3)**
To keep us from Your love.

Verse 3

D(no3)   **D(no3)/C♯**
  Our present,   our future,
D(no3)/B   **A(no3)**
  Our past is in Your hands,
   G(no3)/E   **A(no3)**
We're covered by Your blood,
   G(no3)/E   **A(no3)**
We're covered by Your blood.

Bridge

D   **A**
  In all things   we know that
D(no3)/B   **D/A**
   We are more than conquerors;
Em7 **A(no3)**
You keep us by Your love.
D   **A**
  In all things   we know that
D(no3)/B   **D/A**
   We are more than conquerors;
   Em7   **A(no3)**   **Em7**   **A(no3)**
You keep us by Your love. You keep us by Your love.

TOP 100 MODERN WORSHIP SONGS

How He Loves

Words and Music by
JOHN MARK MCMILLAN

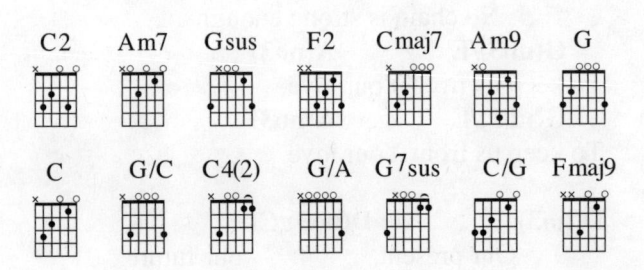

Melody: He is jeal-ous for me.

C2   Am7   Gsus   F2   Cmaj7   Am9   G
C   G/C   C4(2)   G/A   G7sus   C/G   Fmaj9

Verse 1
C2
He is jealous for me.
Am7
Love's like a hurricane; I am a tree
Gsus   **F2**
Bending beneath the weight of His wind and mercy.
         C2
When all of a sudden, I am unaware
            Am7
Of these afflictions eclipsed by glory.
          Gsus
And I realize just how beautiful You are
           F2
And how great Your affections are for me.

Channel
C   Cmaj7   C   Cmaj7   Am7   Am9
Oh,   how He loves us so.
Am7   Am9   Gsus   G
Oh,   how He loves us.
Gsus   G   F2
How He loves us so.

© Copyright 2005 Integrity's Hosanna! Music (ASCAP) (Administered at EMICMGPublishing.com).
All rights reserved. Used by permission.

Chorus
          C   G/C   C4(2)   C   Am7   G/A
He loves us.   Oh,   how He loves us.
C4(2)/A   Am7   C/G   G   G7sus   C/G   Fmaj9
Oh,   how He loves us. Oh,   how He loves.

Verse 2   **C2**
So we are His portion and He is our prize,
Am7
Drawn to redemption by the grace in His eyes.
   Gsus   **F2**
If grace is an ocean, we're all sinking.
   C2
So heaven meets earth like a sloppy wet kiss
     Am7
And my heart turns violently inside of my chest.
  Gsus   **G**   **Gsus**   **G**
I don't have time to maintain these regrets
    F2
When I think about the way…

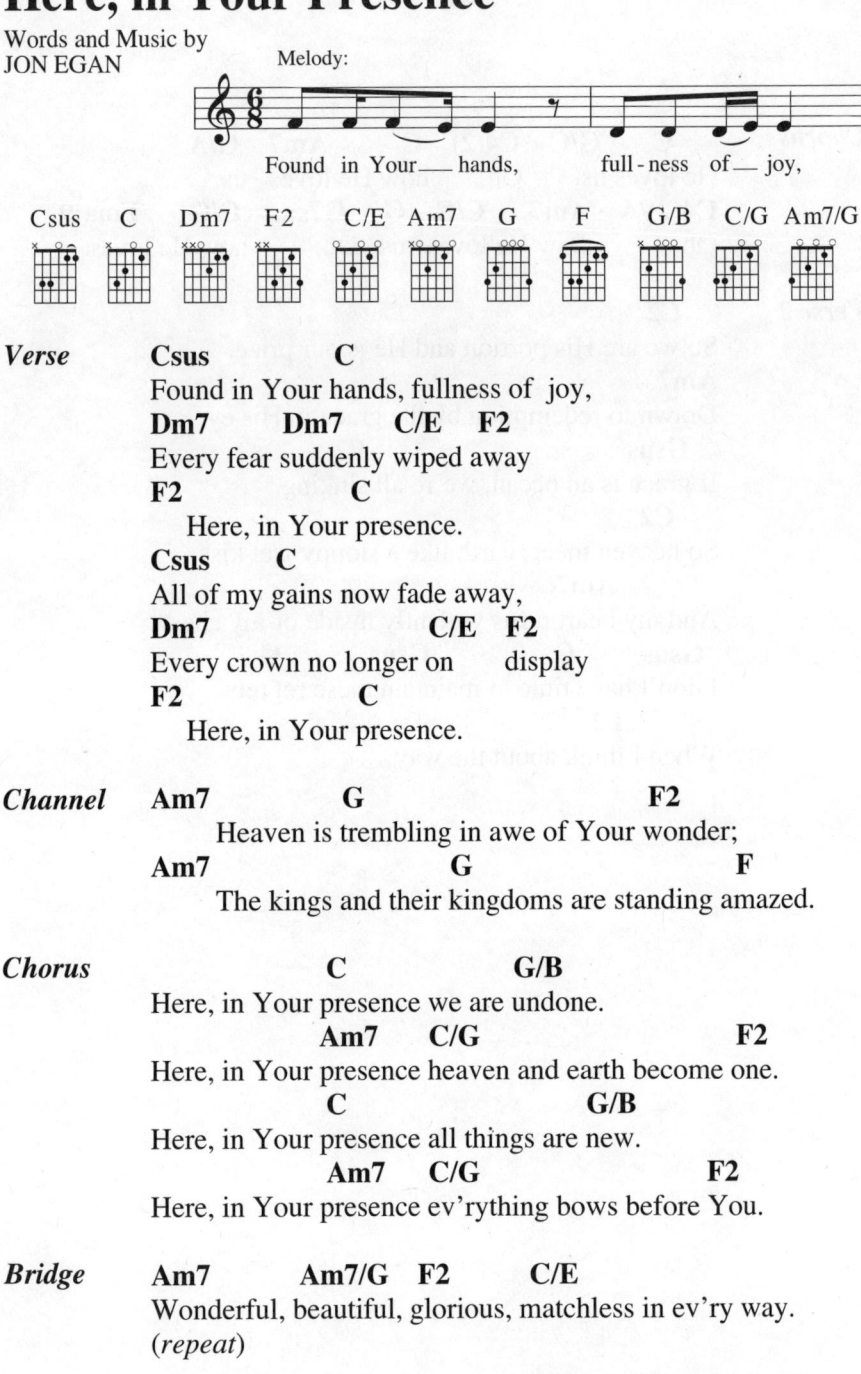

Here, in Your Presence

Words and Music by
JON EGAN

Melody: Found in Your hands, full-ness of joy,

Csus   C   Dm7   F2   C/E   Am7   G   F   G/B   C/G   Am7/G

Verse
Csus   C
Found in Your hands, fullness of joy,
Dm7 **Dm7** **C/E** **F2**
Every fear suddenly wiped away
F2   **C**
 Here, in Your presence.
Csus **C**
All of my gains now fade away,
Dm7   **C/E** **F2**
Every crown no longer on display
F2   **C**
 Here, in Your presence.

Channel **Am7**   **G**   **F2**
 Heaven is trembling in awe of Your wonder;
Am7   **G**   **F**
 The kings and their kingdoms are standing amazed.

Chorus   **C**   **G/B**
Here, in Your presence we are undone.
  Am7 **C/G**   **F2**
Here, in Your presence heaven and earth become one.
  C   **G/B**
Here, in Your presence all things are new.
  Am7 **C/G**   **F2**
Here, in Your presence ev'rything bows before You.

Bridge **Am7** **Am7/G** **F2** **C/E**
Wonderful, beautiful, glorious, matchless in ev'ry way.
(repeat)

© Copyright 2006 Vertical Worship Songs (ASCAP) (Administered at EMICMGPublishing.com).
All rights reserved. Used by permission..

In the Light of Your Glory

Words and Music by
TOMMY WALKER

Melody:

All the things— that seemed so big— now look— so small.—

C F Gsus G C/E Dm7 C/G D/F♯ Dm9 F/A G/B

Verse 1
   C   F   Gsus G
All the things that seemed so big now look so small.
   C   F   Gsus G
The selfish dreams I held so high, I let them fall.
  C/E   F   C/E   F
Now that I have tasted, and I've seen who You are,
   Dm7 **Gsus**
I let go now, I give You my all.

Chorus
   C   F   G Gsus G
In the light of Your glory and love,
   C   F   C/G   G
In the light of Your beauty and grace from above,
  C/E F   D/F♯ G
I consider all things of this earth only loss
  C/E   G   C/E F Gsus G
In the light of Your glory and love.

Verse 2
   C   F   Gsus G
So many are the fears that were controlling me,
   C   F   Gsus G
So many voices calling me away from Thee,
  C/E   F   C/E   F
Just give me Your presence, and Your grace from the cross.
  Dm9 **Dm7** **C/E** F Gsus F/A G/B
It's to You I cling, Lord, I give You my all.

© Copyright 2005 Bridge Building Music, a division of Brentwood-Benson Music Publishing / We Mobile Music (BMI)
(Licensing through Music Services). All rights reserved. Used by permission.

TOP 100 MODERN WORSHIP SONGS

I Can Only Imagine

Words and Music by
BART MILLARD

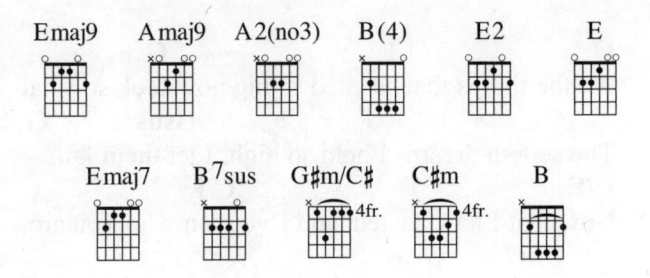

Melody:

I can on-ly i-mag-ine___ what it will be___ like___

Emaj9   Amaj9   A2(no3)   B(4)   E2   E

Emaj7   B7sus   G#m/C#   C#m   B

Verse 1
     Emaj9
I can only imagine what it will be like
 Amaj9
When I walk by Your side.
     Emaj9
I can only imagine what my eyes will see
 Amaj9
When Your face is before me.
 Emaj9 Amaj9
I can only imagine.

© Copyright 2001 Simpleville Music (ASCAP) (Administered by Simpleville Publishing, LLC).
International copyright secured. All rights reserved. Used by permission.

Chorus

        A2(no3)   **B(4)**
Surrounded by Your glory, what will my heart feel?
     E2   **E**
Will I dance for You, Jesus, or in awe of You be still?
Emaj7   **A2(no3)**   **B(4)**
Will I   stand in Your presence or to my knees will I fall?
     E2   **E**
Will I sing, "Hallelujah"? Will I be able to speak at all?
       Emaj7   **A2(no3)**   **B(4)**   **Emaj9**
I can only   imagine.   I can only imagine.

Verse 2

          Emaj9
I can only imagine when that day comes
    Amaj9   **B7sus**
And I find myself standing in the Son.
          Emaj9
I can only imagine when all I will do
    Amaj9   **B7sus**
Is forever, forever worship You.
          Emaj9   **Amaj9** **B7sus**
I can only imagine. I can only imagine.

Tag

        Amaj9   **B7sus**
I can only imagine when all I will do
  G♯m/C♯   **C♯m**   **Emaj9**   **Amaj9** **B**
Is forever,   forever worship You.
    E
I can only imagine.

I Have a Hope

Words and Music by
TOMMY WALKER

I have a hope, I have a future;

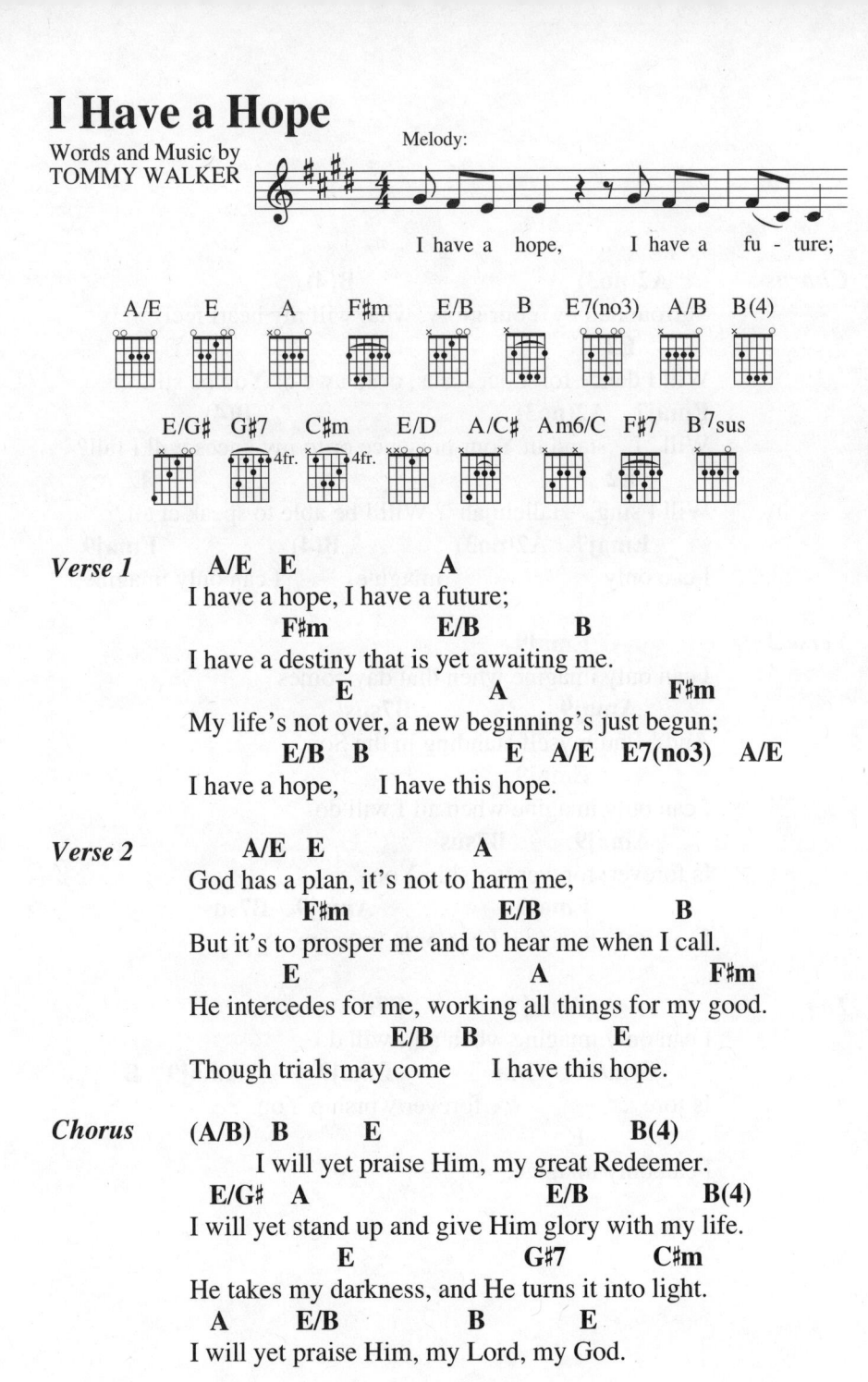

Verse 1
A/E   E   A
I have a hope, I have a future;
       F#m   E/B   B
I have a destiny that is yet awaiting me.
              E   A   F#m
My life's not over, a new beginning's just begun;
      E/B   B   E   A/E   E7(no3)   A/E
I have a hope,   I have this hope.

Verse 2
A/E   E   A
God has a plan, it's not to harm me,
       F#m   E/B   B
But it's to prosper me and to hear me when I call.
            E   A   F#m
He intercedes for me, working all things for my good.
              E/B   B   E
Though trials may come   I have this hope.

Chorus
      (A/B)   B   E   B(4)
       I will yet praise Him, my great Redeemer.
       E/G#   A   E/B   B(4)
       I will yet stand up and give Him glory with my life.
                    E   G#7   C#m
       He takes my darkness, and He turns it into light.
           A   E/B   B   E
       I will yet praise Him, my Lord, my God.

© Copyright 2008 Universal Music - Brentwood Benson Songs (BMI) (Licensing through Music Services).
All rights reserved. Used by permission.

Verse 3

      A/E   E   A
My God is for me; He's not against me.
          F♯m   E/B   B
So tell me whom then, tell me whom then shall I fear.
     E
He has prepared for me
             A   F♯m
Great works He'll help me to complete;
     E/B   B   E
I have a hope,   I have this hope.

Verse 4

      A/E   E   A
Goodness and mercy, they're gonna follow me;
     F♯m   E/B   B
And I'll forever dwell in the house of my great King.
     E   A   F♯m
No eye has ever seen all He's preparing there for me.
            E/B   B   E
Though trials may come   I have this hope.

Bridge

     E/D   A/C♯   Am6/C   E/B
There's still hope for me   today
         F♯7   B7sus A/E   E
'Cause the God of heaven loves me. (*repeat*)

Tag

     E   A/E   E7(no3) A/E
There's still hope   for me today. (*repeat*)

I Will Follow

Words and Music by
CHRIS TOMLIN, REUBEN MORGAN and JASON INGRAM

Melody: Where You go, I'll go. Where You stay, I'll stay.

C#m7   A2   E   B(4)   B/D#   E(no3)   Bsus

Intro
C#m7　　　　　　　A2
　　Where You go, I'll go. Where You stay, I'll stay.
E　　　　　　　B(4)
　　When You move, I'll move. I will follow.

Verse 1
　　　A2　　　　　　　　C#m7
　　All Your ways are good,　all Your ways are sure;
B(4)　　E　　B/D#
　　I will trust in You alone.
A2　　　　　　　　C#m7
　　Higher than my sight,　high above my life;
B(4)　　E　　B/D#　　A2　　　B(4)
　　I will trust in You alone.　In You alone.

Chorus
C#m7　　　　　　　A2
　　Where You go, I'll go.　Where You stay, I'll stay.
E　　　　　　　　　　B(4)
　　When You move, I'll move.　I will follow You.
C#m7　　　　　　　A2
　　Who You love, I'll love.　How You serve, I'll serve.
E　　　　B(4)　　　　　　　C#m7　A2
　　If this life I lose,　I will follow You,　yeah.
　　　　　E　　B(4)
I will follow You, yeah.

© Copyright 2010 (Arr. © Copyright 2012) worshiptogether.com Songs / sixsteps Music / Vamos Publishing (ASCAP)
(Administered at EMICMGPublishing.com) / Shout! Publishing (ASCAP) (Administered in the US and Canada at
EMICMGPublishing.com) / Sony/ATV Music Publishing LLC / Windsor Hill Music (SESAC).
Sony/ATV Music Publishing LLC and Windsor Hill Music administered by Sony/ATV Music Publishing LLC
(8 Music Square West, Nashville, TN 37203). All rights reserved. Used by permission.
Reprinted by permission of Hal Leonard Corporation.

Bridge **A2**   **E(no3)** **Bsus**
     In You there's life everlasting.
    A2   **E(no3)** **Bsus**
     In You there's freedom for my soul.
    A2   **E(no3)** **Bsus** **A2**
     In You there's joy, unending joy;

     And I will follow.

Verse 2 **A2**   **C♯m7**
     Light unto the world, Light unto my life;
    B(4) **E** **B/D♯**
     I will live for You alone.
    A2   **C♯m7**
     You're the One I seek, knowing I will find
    B(4) **E** **B/D♯** **A2** **B(4)**
     All I need in You alone, in You alone.

I Will Rise

Words and Music by
CHRIS TOMLIN, JESSE REEVES,
LOUIE GIGLIO and MATT MAHER

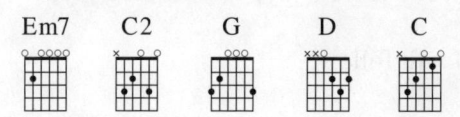

Melody: There's a peace I've come to know,

Em7   C2   G   D   C

Verse 1
      Em7   C2
There's a peace I've come to know,
        G   D
Though my heart and flesh may fail.
      Em7   C2   G   D
There's an anchor for my soul, I can say, "It is well."

Channel   G   D   Em7   C2
Jesus has overcome, and the grave is overwhelmed.
       G   D   Em7   D C2
The victory is won; He is risen from the dead.

Chorus   G   D
And I will rise when He calls my name,
Em7   C2
No more sorrow, no more pain.
     G   D   Em7
I will rise on eagle's wings; before my God,
    C2   G C2   G D
Fall on my knees and rise, I will rise.

© Copyright 2008 Thankyou Music (PRS) (Administered worldwide at EMICMGPublishing.com excluding Europe which is administered by Kingswaysongs) / worshiptogether.com Songs / sixsteps Music / Vamos Publishing (ASCAP) / Spiritandsong.com Pub (BMI) (Administered at EMICMGPublishing.com). All rights reserved. Used by permission.

Verse 2

     Em7   **C2**
There's a day that's drawing near
    G   **D**
When this darkness breaks to light;
    Em7   **C2**   **G**   **D**
And the shadows disappear, And my faith shall be my eyes.

Bridge

      C **G** **D**
And I hear the voice of many angels sing,
C   **G** **D**
"Worthy is the Lamb!"
      C **G** **D**   (**Em7** - *2nd time*)
And I hear the cry of ev'ry longing heart,
C   **G** **D**
"Worthy is the Lamb!"

Jesus Paid It All

Words and Music by
ALEX NIFONG

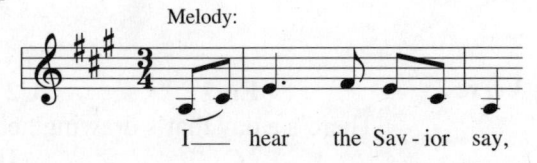

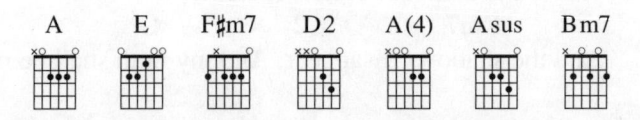

Verse 1
   A
I hear the Savior say,
  E   A
"Thy strength indeed is small,
 E F#m7   D2
Child of weakness, watch and pray,
   A E A
Find in Me Thine all in all."

Chorus
  A   F#m7
Jesus paid it all,
  A   E
All to Him I owe;
  A   D2
Sin had left a crimson stain,
    A   E A
He washed it white as snow.

Bridge
   A(4)   Asus
Oh, praise the One who paid my debt
   A(4)   Asus
And raised this life up from the dead. (*repeat*)
   A   D2
Oh, praise the One who paid my debt
  A Bm7   A D2
And raised this life up from the dead. (*repeat*)

© Copyright 2006 worshiptogether.com Songs / sixsteps Music / Pay Me Please Publishing (ASCAP)
(Administered at EMICMGPublishing.com). All rights reserved. Used by permission.

Verse 2
        A
Lord, now indeed I find
  E   **A**
Thy pow'r, and Thine alone
E   **F♯m7**   **D2**
Can change the leper's spots
  A   **E**   **A**
And melt the heart of stone.

Verse 3
        A
And when, before the throne,
  E   **A**
I stand in Him complete,
  E   **F♯m7**   **D2**
"Jesus died my soul to save,"
  A   **E**   **A**
My lips shall still repeat.

Jesus Saves

Words and Music by
DAVID MOFFITT and
TRAVIS COTTRELL

Melody: Free-dom's call-ing, chains are fall-ing,

Chords: D2(no3) D Dsus Bm G Asus A
D/A G/B D(no3) G2 A/B A/D D/G

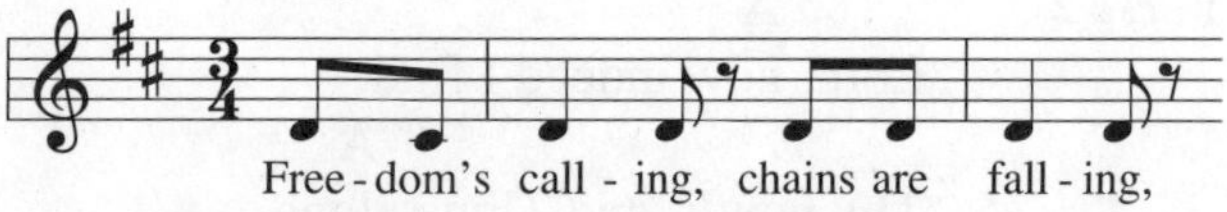

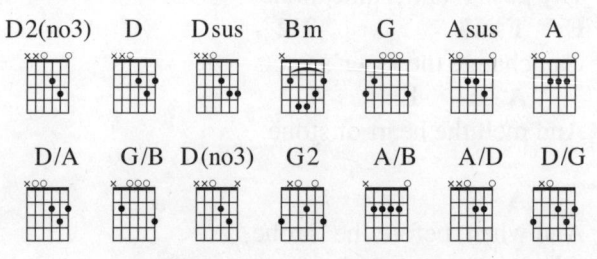

Intro
(Chorus)
        D2(no3)
Freedom's calling, chains are falling,

Hope is dawning bright and true.

Day is breaking, night is quaking.

God is making all things new. Jesus saves.

Verse 1
      D   Dsus   D   Dsus D
Hear the heart of heaven beating, "Jesus saves. Jesus saves."
    Bm   G   D   Asus
And the hush of mercy breathing, "Jesus saves. Jesus saves."
A   Bm   G   D   G
Hear the host of angels sing, "Glory to the newborn King."
   D/A   G/B   G   D(no3)
And the sounding joy repeating, "Jesus saves."

Verse 2
      D   Dsus   D   Dsus D
See the humblest hearts adore Him. Jesus saves. Jesus saves.
    Bm   G   D   Asus
And the wisest bow before Him. Jesus saves. Jesus saves.
A   Bm   G   D   G
See the sky alive with praise, melting darkness in its blaze.
   D/A   G/B   G   D(no3)
There is light forevermore in "Jesus saves."

© Copyright 2008 New Spring Publishing, a division of Brentwood-Benson Music Publishing (ASCAP)
(Licensing through Music Services) / First Hand Revelation Music (ASCAP) (Administered by The Loving Company).
All rights reserved. Used by permission.

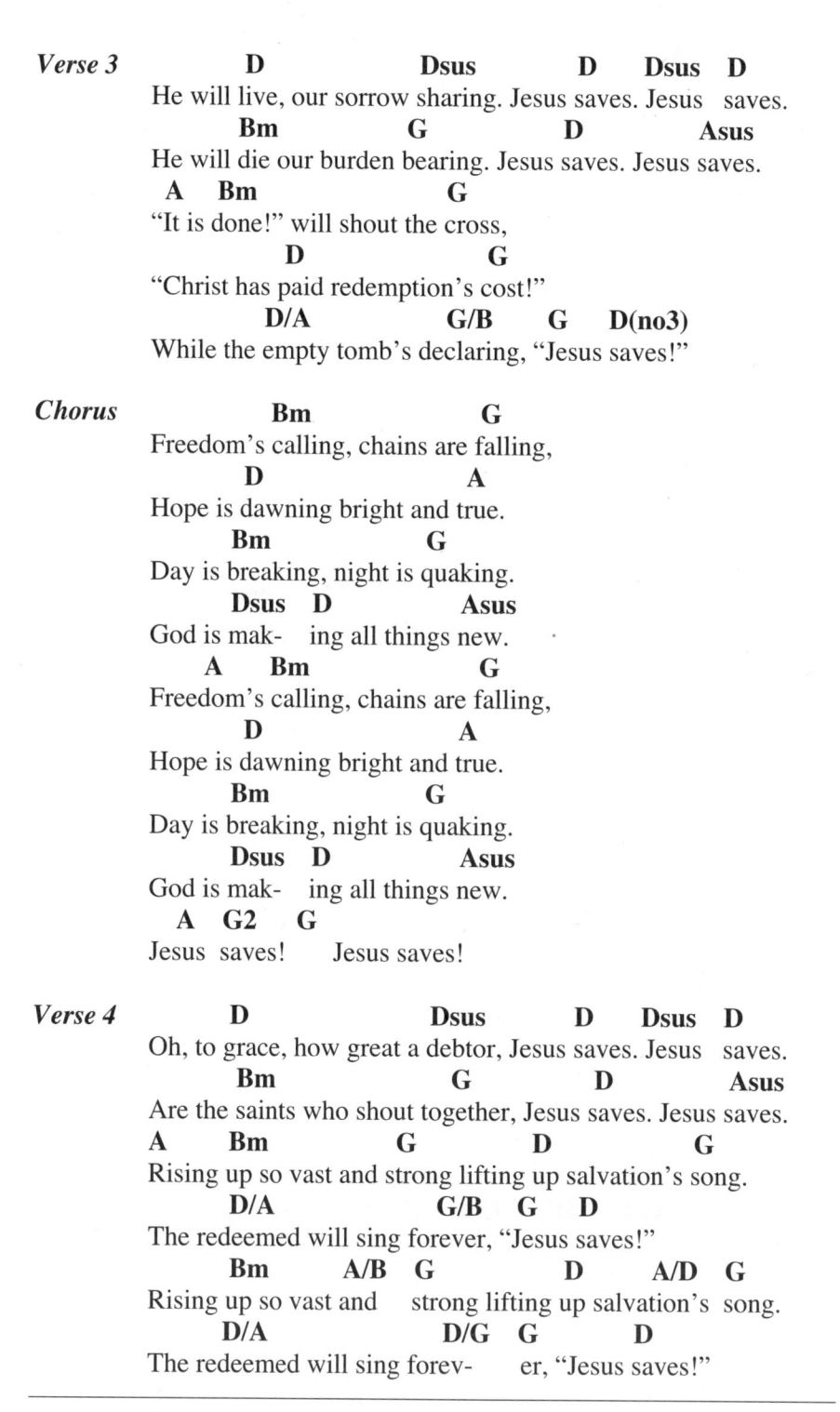

Verse 3
            D   **Dsus**   **D**   **Dsus** **D**
He will live, our sorrow sharing. Jesus saves. Jesus saves.
      Bm   **G**   **D**   **Asus**
He will die our burden bearing. Jesus saves. Jesus saves.
  A **Bm**   **G**
"It is done!" will shout the cross,
        D   **G**
"Christ has paid redemption's cost!"
       D/A   **G/B**   **G**   **D(no3)**
While the empty tomb's declaring, "Jesus saves!"

Chorus
        Bm   **G**
Freedom's calling, chains are falling,
    D   **A**
Hope is dawning bright and true.
    Bm   **G**
Day is breaking, night is quaking.
    Dsus **D**   **Asus**
God is mak- ing all things new.
  A **Bm**   **G**
Freedom's calling, chains are falling,
    D   **A**
Hope is dawning bright and true.
    Bm   **G**
Day is breaking, night is quaking.
    Dsus **D**   **Asus**
God is mak- ing all things new.
  A **G2** **G**
Jesus saves!   Jesus saves!

Verse 4
            D   **Dsus**   **D**   **Dsus** **D**
Oh, to grace, how great a debtor, Jesus saves. Jesus saves.
      Bm   **G**   **D**   **Asus**
Are the saints who shout together, Jesus saves. Jesus saves.
  A **Bm**   **G**   **D**   **G**
Rising up so vast and strong lifting up salvation's song.
    D/A   **G/B**   **G**
The redeemed will sing forever, "Jesus saves!"
    Bm   **A/B**   **G**   **D**   **A/D** **G**
Rising up so vast and   strong lifting up salvation's song.
    D/A   **D/G**   **G**   **D**
The redeemed will sing forev-   er, "Jesus saves!"

Just As I Am

TRADITIONAL
Additional Lyrics and Music by TRAVIS COTTRELL,
DAVID MOFFITT and SUE C. SMITH

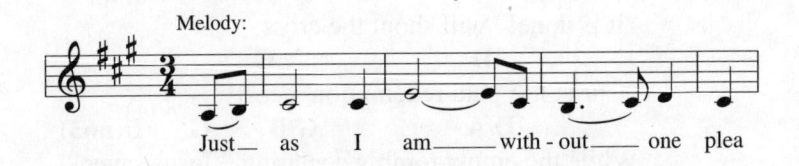

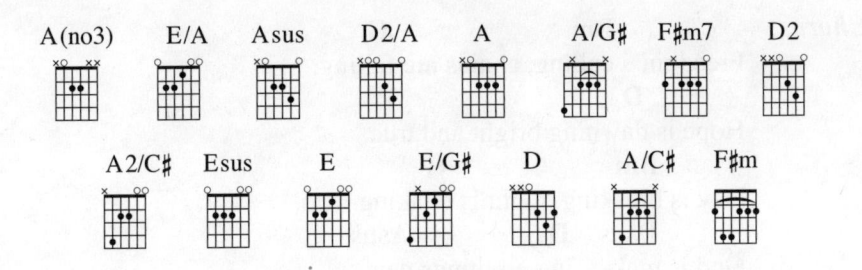

Melody: Just as I am without one plea

Verse 1

    A(no3)   E/A   Asus   A(no3)
Just as I am without one plea
  E/A   D2/A   E/A   A
But that Thy blood was shed for me,
  A   A/G♯   F♯m7   D2
And that Thou bidst me come to Thee,
  A2/C♯ D2 Esus E A Asus
O Lamb of God, I come, I come.

Verse 2

  A E/A Asus A
Just as I am and waiting not
  E/A D2/A E/A A
To rid my soul of one dark blot.
  A A/G♯ F♯m7 D2
To Thee whose blood can cleanse each spot,
  A2/C♯ D2 Esus E A A/G♯
O Lamb of God, I come, I come.

© Copyright 2009 Universal Music - Brentwood Benson Publishing / Great Revelation Music / CCTB Music (ASCAP)
(Licensing through Music Services). All rights reserved. Used by permission.

Chorus
        F♯m7   **D2**
I come broken to be mended.
        A   **E**
I come wounded to be healed.
        F♯m7   **D2**
I come desperate to be rescued.
        A   **E/G♯**
I come empty to be filled.
        F♯m7   **D**
I come guilty to be pardoned
        A/C♯   **D2**
By the blood of Christ, the lamb.
      D2 **E**   **F♯m**
And I'm wel- comed with open arms,
    D   **E** **A** **Asus** **A** **Asus**
Praise God, just as I am.

Verse 3
    A **E/A** **Asus**   **A**
Just as I am I would be lost,
  E/A   **D2/A**   **E/A**   **A**
But mercy and grace my freedom bought.
    A   **A/G♯** **F♯m7** **D2**
And now to glory in Your cross,
  A2/C♯ **D2**   **Esus** **E** **A** **A/G♯**
O Lamb of God, I come, I come.

TOP 100 MODERN WORSHIP SONGS

Lead Me to the Cross

Words and Music by
BROOKE FRASER

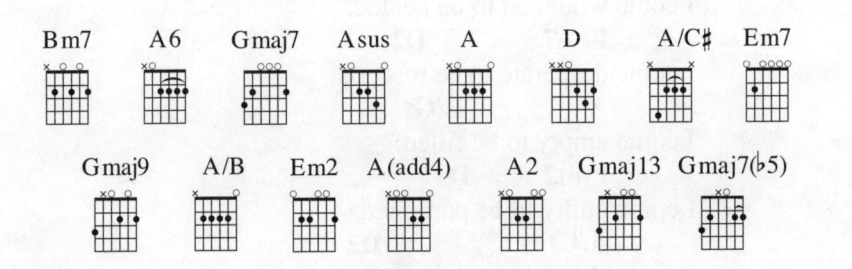

Sav - ior, I come.

Chord diagrams: Bm7, A6, Gmaj7, Asus, A, D, A/C#, Em7, Gmaj9, A/B, Em2, A(add4), A2, Gmaj13, Gmaj7(♭5)

Verse 1
Bm7   A6   Gmaj7   Asus   A
   Savior, I come. Quiet, my soul; remember
Bm7   A6
   Redemption's hill,
                Gmaj7   D   A/C#
   Where Your blood was spilled for my ransom.

Pre-Chorus
Em7   A   Bm7   A   Gmaj9
   Everything I once held dear, I count it all as loss.

Chorus
                                D   A
Lead me to the cross, where Your love poured out.
           Gmaj9   D   A
Bring me to my knees. Lord, I lay me down.
A/B   Gmaj9   D   A
Rid me of myself. I belong to You.
               Em2   Gmaj9   A(add4)   Bm7
Oh, lead me,   lead me   to the   cross.

Interlude   **A2   Gmaj7   D   Bm7   A2   Gmaj13   D**

© Copyright 2004 Hillsong Publishing (APRA) (Administered in the US and Canada at EMICMGPublishing.com).
All rights reserved. Used by permission.

Verse 2

    Bm7   **A(add4)**   **Gmaj7** **D** **A/C#**
You were as I, tempted and tried,   hu- man.
Bm7   **A(add4)**   **Gmaj9**
The Word became flesh, bore my sin in death.
          D **A/C#**
Now, You're ri- sen!

Bridge

Gmaj7(b5)   **D** **Gmaj9** **A** **Asus**
    To Your heart,
      D **G** **A**
To Your heart,
Asus   **D** **Gmaj7** **A**
Lead me to Your heart,
Asus   **D** **Gmaj7** **A**
Lead me to Your heart.

Let the Worshippers Arise

Words and Music by
MICHAEL FARREN

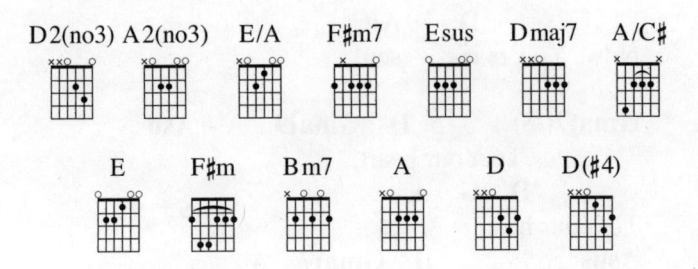

Verse 1

    D2(no3) **A2(no3)** **E/A** **F#m7**
Father, I see that You are drawing a line in the sand,
    D2(no3)   **A2(no3)**
And I want to be standing on Your side,
  E/A **F#m7**
Hold- ing Your hand.
    D2(no3) **A2(no3)** **E/A** **F#m7**
So let Your kingdom come; let it live in me.
    D2(no3) **Esus**
This is my prayer; this is my plea.
    Dmaj7 **A/C#** **E** **F#m**
Father, I see that You are drawing a line in the sand,
    Dmaj7 **A/C#**
And I want to be standing on Your side,
  E **F#m**
Hold- ing Your hand.
    Dmaj7 **A/C#** **E**   **F#m**
So let Your kingdom come; let it live in me.
    Bm7   **Esus**
This is my prayer; this is my plea.

© Copyright 2004 Awakening Media Group (ASCAP) (All rights controlled by Gaither Copyright Management).
All rights reserved. Used by permission.

Chorus
                A
Let the worshippers arise.
                          F♯m7
Let the sons and daughters sing.
                D D(♯4) D2(no3)
I'm surrendering my all.
              A
I surrender to the King.
            A2(no3)
Let the worshippers arise.
                        F♯m7
Let the sons and daughters sing.
              D D(♯4) D2(no3)
I'm surrendering my all.
           A
I surrender to the King.

Verse 2
      D   **A/C♯**
Father, I hear it growing louder,
  E   **F♯m**
The song of Your redeemed,
    D   **A/C♯**
As the saints of every nation
  E   **F♯m**
Are awakening to sing.
    D   **A/C♯**
From our hearts there comes an anthem;
  E   **F♯m**
Oh, hear the heavens ring.
      Bm7   **Esus**
This is our song, a song to our King.

Majesty of Heaven

Words and Music by
CHRIS TOMLIN, JESSE REEVES
and MATT REDMAN

Melody: Maj - es - ty — of heav - en,

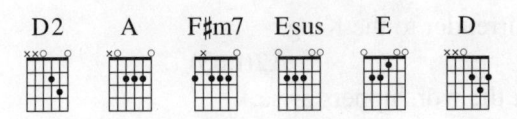

D2 A F#m7 Esus E D

Verse 1
    D2   A   D2   A
    Majesty of heaven,   Your glory fills the skies.
    D2   F#m7   Esus   E
    Light of the World, You are Lord of all.

Verse 2
    D2   A   D2   A
    Humbled by Your presence,   amazed by who You are.
    D2   F#m7   Esus   E
    Nothing compares; You are Lord of all.

Chorus
    A   F#m7
    To You the nations bow down,
                       D2   Esus
    To You creation cries out: "Maj-   esty!"
    A   F#m7
    All things You hold together.

    Your name will stand forever.
    D2   Esus   D2 F#m7   Esus
    Majes-   ty, You are,   Maj-   esty!

© Copyright 2010 Thankyou Music (PRS) (Administered worldwide at EMICMGPublishing.com
excluding Europe which is administered by Kingswaysongs) / worshiptogether.com Songs / sixsteps Music /
Vamos Publishing / Said and Done Music (ASCAP) (Administered at EMICMGPublishing.com).
All rights reserved. Used by permission.

Verse 3   **D2**   **A**   **D2**   **A**
               Merciful and mighty,   my heart is overwhelmed.
             D2   **F#m7**   **Esus**   **E**
               You stand alone; You are Lord of all.

Interlude   **D   A   E   F#m7   D   A   E   F#m7**

Bridge   **D**   **A**   **E**   **F#m7**
              Your name above all others,
            D   **A**   **E**   **F#m7**
              High and exalt- ed!
            D   **A**   **E**   **F#m7**
              Your kingdom shall reign forever,
            D   **A**   **E**   **F#m7**
              High and exalt- ed!

Coda   **D2**   **F#m7**   **Esus**   **D2**
           You are   Majes-   ty!

My Soul Magnifies the Lord

Words and Music by
CHRIS TOMLIN and
DANIEL CARSON

Melody:

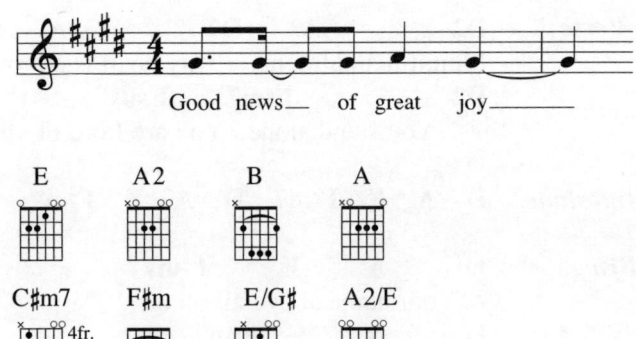

Good news— of great joy—

E A2 B A

C#m7 F#m E/G# A2/E

Verse 1
E   A2
Good news of great joy for every woman, every man.
E   A2
This will be a sign to you: a Baby born in Bethlehem.
B   A
Come and worship; do not be afraid.

Verse 2
       E   A2
A company of angels: "Glory in the highest!
       E
And on the earth, a peace
       A2
Among those on whom His favor rests."
B   A
Come and worship; do not be afraid.

Chorus
          E   B
My soul, my soul magnifies the Lord.
                    C#m7
My soul magnifies the Lord.
                A2
He has done great things for me, great things for me.

© Copyright 2009 worshiptogether.com Songs / sixsteps Music / Vamos Publishing (ASCAP)
(Administered at EMICMGPublishing.com). All rights reserved. Used by permission.

Interlude   E A

Verse 3   E   A2
Unto you a Child is born, unto us a Son is giv'n.
     E
Let every heart prepare His throne,
    A2
Let every nation under heav'n
B   A
Come and worship; do not be afraid.

Bridge 1   E
Of His government there will be no end.
      F♯m
He'll establish it with His righteousness.
      E/G♯
And He shall reign on David's throne.
       A
And His name shall be from this day on:
B   A E/G♯   A
Wonderful Counselor,   Everlasting Father,
B   F♯m
Wonderful Counselor.
              E/G♯   A
And His name shall be Everlasting Father!   Oh, yeah!

Bridge 2   E   A2/E
My soul, my soul magnifies the Lord. *(repeat)*

    E   A2/E
  He has done great things for us.
                E   (A2)
He has done great things for us. *(repeat)*

       E   A2
My soul, my soul magnifies the Lord. *(repeat)*

Ending   E   F♯m
Chorus   My soul, my soul magnifies the Lord.
               E/G♯   A
My soul magnifies the Lord. He has done great things for me.

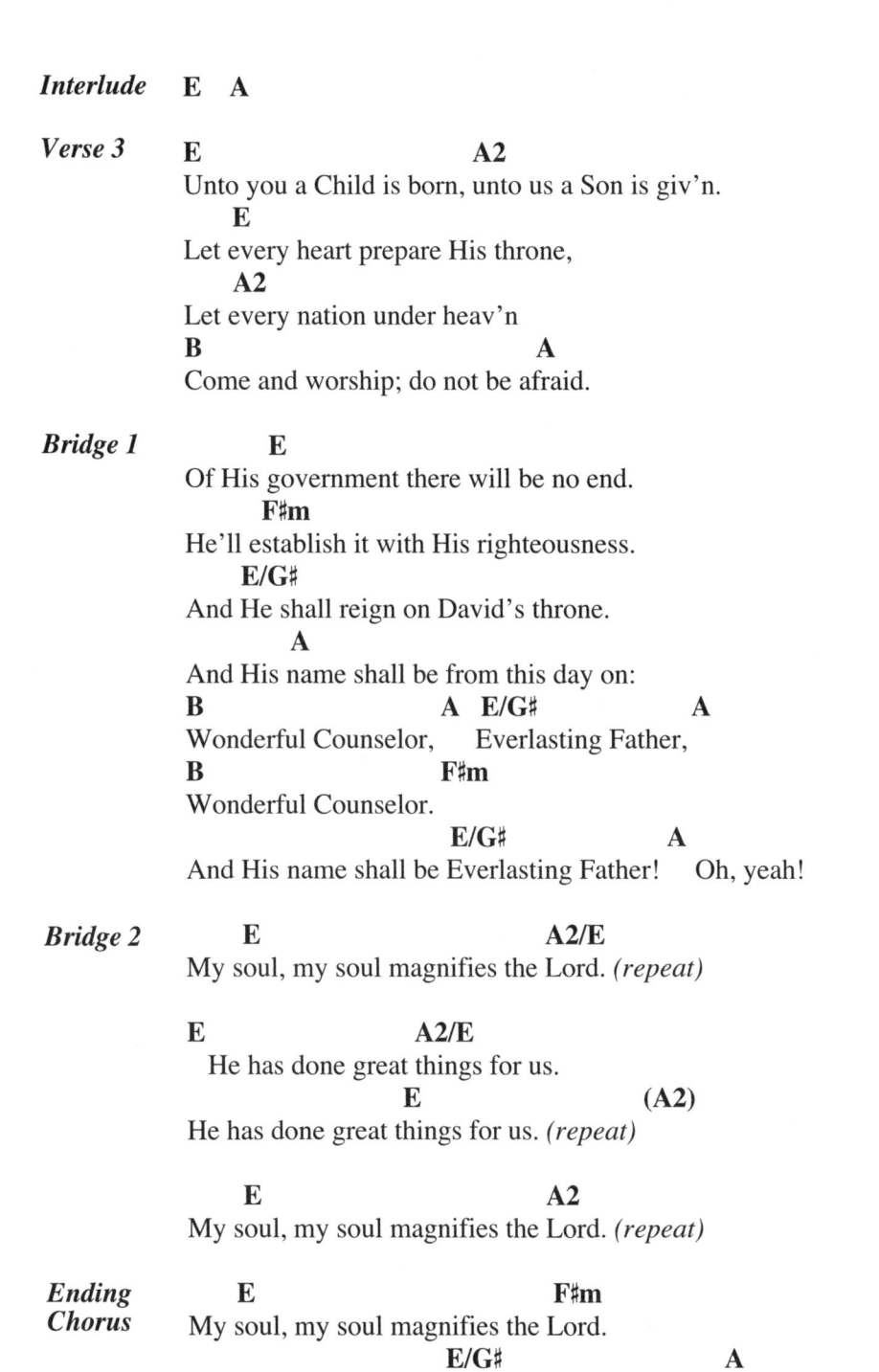

New Doxology
Words and Music by
THOMAS KEN and THOMAS MILLER,
Genevan Psalter

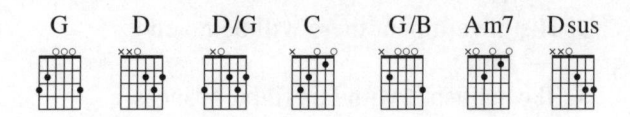

Verse 1
       G
Praise God, from whom all blessings flow.

Praise Him, all creatures here below.

Praise Him above, ye heavenly hosts.
      D   **G**
Praise Father, Son and Holy Ghost.

Verse 2
      G
Let earth and heavenly saints proclaim
                           D/G
The power and might of His great Name.
  G
Let us exalt on bended knee,
              D **G**
Praise God, the Holy Trinity.

© Copyright 2008 Gateway Create Publishing (BMI) (Administered at EMICMGPublishing.com).
All rights reserved. Used by permission.

Chorus
         C   **G/B**
Praise God, praise God,
  Am7   **D**
Praise God, who saved my soul.
G/B **C**   **G/B**
Praise God, praise God,
  Am7   **Dsus** **D** **G**
Praise God from whom all bless- ings flow.

Verse 3
    G
Praise to the King, His throne transcends.
           D/G
His crown and Kingdom never ends.
    G
Now, and throughout eternity
  G   **D**   **G**
I'll praise the One who died for me.

None but Jesus

Words and Music by
BROOKE FRASER

Melody: In the qui - et, in the still - ness, I know

Capo 2nd fret and play in A.

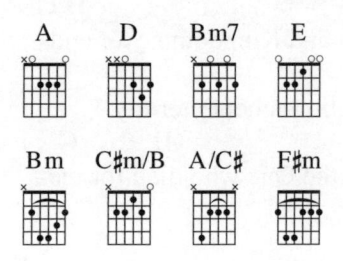

A D Bm7 E

Bm C#m/B A/C# F#m

Verse 1

      A   **D**
In the quiet, in the stillness,
Bm7   **E**
I know that You are God.
A   **D**
In the secret of Your presence,
Bm7   **E**
I know there I am restored.
Bm **C#m/B** **A**   **D**   **A/C#** **E**
When You call, I won't re- fuse.
Bm **C#m/B** **A**   **D** **A/C#** **E**
Each new day, again I'll choose.

© Copyright 2007 Hillsong Publishing (APRA) (Administered in the US and Canada at EMICMGPublishing.com).
All rights reserved. Used by permission.

Chorus   **F♯m**   **D** **A** **E**
              There is no one else for me,
        Bm7   **F♯m**
        None but Jesus,
              D **A** **E**
        Crucified to set me free.
            Bm
        Now I live to bring Him praise.

Verse 2   **A**   **D**
          In the chaos, in confusion,
        Bm7   **E**
        I know You're sovereign still.
        A   **D**
          In the moment of my weakness,
        Bm7   **E**
        You give me grace to do Your will.
        Bm **C♯m/B** **A**   **D**   **A/C♯** **E**
        When You   call, I won't de-   lay,
        Bm **C♯m/B** **A**   **D** **A/C♯** **E**
        This, my   song through all my   days.

Bridge   **F♯m**   **D**   **A**   **E**
          All my delight is in You, Lord,
            Bm7   **F♯m**
        All of my hope, all of my strength.
              D   **A**   **E**   **Bm7**
        All my delight is in You, Lord, forevermore.

No Sweeter Name

Words and Music by
KARI JOBE

Melody: No sweet-er name

G C2 Dsus C D Em7 G/C Am7

Chorus **G**
No sweeter name than the name of Jesus,
C2   **Dsus**
No sweeter name have I ever known,
G   **C2**   **Dsus**
No sweeter name than the name of Jesus.
G
No sweeter name than the name of Jesus,
C2   **Dsus**
No sweeter name have I ever known,
G
No sweeter name than the name of Jesus.

Interlude **C D C/E D/F#**

Verse **G**
You are the life to my heart and my soul,
C   **Em7**   **D**
You are the light to the darkness around me,
G   **G/B**
You are the hope to the hopeless and broken,
C   **Em7**   **D/F# (G G/C)**
You are the only truth and the way.

Interlude **C D C/E D/F# D C/E D/F# G**

Bridge **Am7 Dsus D**
Jesus, Je - sus.

© Copyright 2004 Gateway Create Publishing (BMI) (Administered at EMICMGPublishing.com).
All rights reserved. Used by permission.

GUITAR CHORD SONGBOOK

Nothing Is Impossible

Words and Music by
JOTH HUNT

Through You, I can do anything.

A E F#m7 D Bm

Chorus

  A   E
    Through You, I can do anything, I can do all things
F#m7   D
    'Cause it's You who gives me strength.

    Nothing is impossible.
  A
    Through You, blind eyes are open,
  E
    Strongholds are broken.
F#m7   D
    I am living by faith. Nothing is impossible.

Verse

  A   Bm   D
    I'm not gonna live by what I see.
F#m7   E   D
    I'm not gonna live by what I feel.

Pre-Chorus

F#m7   E   D
    Deep down I know that You're here with me,
F#m7   E   Bm D
    And I know that You can do any - thing.

Bridge

  D   A Bm   D
    I believe, I believe. I believe, I believe in You.
  D   A Bm   D
    I believe, I believe. I believe, I believe in You.

© Copyright 2011 Planet Shakers Ministries International, Inc. (ASCAP) (Administered at EMICMGPublishing.com).
All rights reserved. Used by permission.

O the Blood

Words and Music by
MARY ELIZABETH MILLER
and THOMAS MILLER

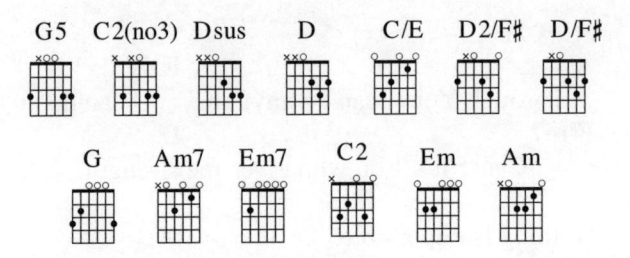

Melody: O the blood, crim-son love,

Verse 1
    G5   **C2(no3)**
O the blood, crimson love,
G5   **Dsus** **D**
Price of life's demand.
G5   **C2(no3)**
Shameful sin placed on Him,
    C/E   **D2/F#** **Gsus** **G**
The hope of ev'ry   man.

Chorus
    D/F#   **C/E**   **G**
O the blood of Jesus washes me.
    D/F#   **C/E**   **G**
O the blood of Jesus shed for me.
    Am7 **Em7** **C2**   **Am7**
What a sacri- fice that saved my life;
    D2/F# **C/E**   **G** (to Verse: **C2**)
Yes, the blood, it is my victory.

© Copyright 2010 Gateway Create Publishing (BMI) (Administered at EMICMGPublishing.com).
All rights reserved. Used by permission.

Verse 2 **G5   C2(no3)**
Savior, Son, holy One,
G5   Dsus   D
Slain so I can live.
G5   C2(no3)
O see the Lamb, the great I AM
    C/E   D2/F♯   Gsus   G
Who takes away my sin.

Verse 3 **G5   C2(no3)**
O what love, no greater love;
G5   Dsus   D
Grace, how can it be
G5   C2(no3)
That in my sin, yes, even then,
    C/E   D2/F♯   Gsus   G
He shed His blood for me?

Bridge **D/F♯   C/E   G**
O the blood of the Lamb.
D/F♯   C/E   G
O the blood of the Lamb.
D/F♯   C/E   G
O the blood of the Lamb.
            D   C   G
The precious blood   of the lamb.
        Am7   Em   C2   Am7
What a sacri- fice that saved my life;
        D/F♯   C/E
Yes, the blood, it is my victory.

Oh, for a Thousand Tongues to Sing

Words and Music by
DAVID CROWDER
and JACK PARKER

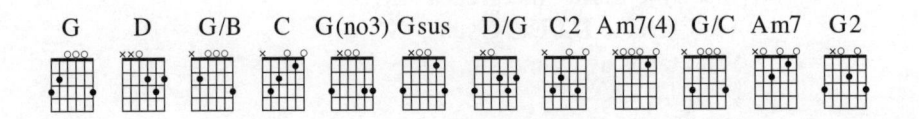

Verse 1
        G
Oh, for a thousand tongues to sing
              D
My great Redeemer's praise,
    G   G/B   C
The glories of my   God and King,
    G   D G
The triumphs of His grace.

Verse 2
        G
My gracious Master and my God,
        D
Assist me to proclaim.
    G   G/B C
To spread through all the   earth abroad,
    G   D   G(no3) G Gsus D/G
The honors of Thy name.

Chorus
         C2   G/B   Am7(4)   G
So, come on and sing out, let our anthem grow loud.
      G/C   G/B Am7 G(no3) G Gsus D/G
There is one   great   love: Jesus.

© Copyright 2007 worshiptogether.com Songs / sixsteps Music / Inot Music (ASCAP)
(Administered at EMICMGPublishing.com). All rights reserved. Used by permission.

GUITAR CHORD SONGBOOK

Verse 3   **G**
Jesus, the name that charms our fears,
                      D
That bids our sorrows cease,
    G   **G/B**   **C**
'Tis music in the   sinner's ears,
    G   **D** **G**
'Tis life and health and peace.

Verse 4   **G**
He breaks the pow'r of cancelled sin;
                D
He sets the pris'ner free.
    G   **G/B** **C**
His blood can make the   foulest clean.
    G   **D** **G**
His blood availed for me.

Bridge   **G2**
There are so few words that never grow old. (Jesus)

There are so few words that never grow old. (Jesus)

There are so few words that never grow old. (Jesus)

There are so few words.

Only a God Like You

Words and Music by
TOMMY WALKER

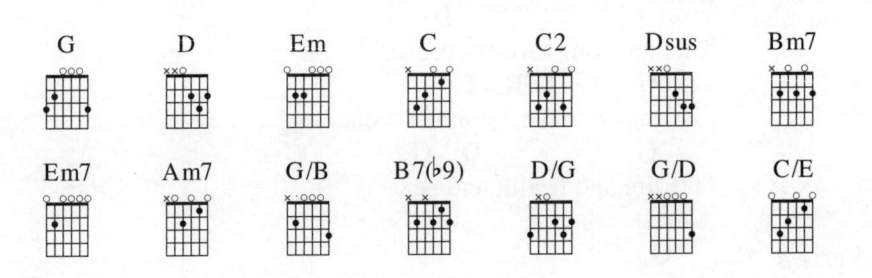

Melody: For the prais - es of man,

Verse

        G   D   Em   C
For the praises of man, I will never, ever stand;
        G   D
For the kingdoms of this world,
        C2   Dsus   D
I'll never give my heart away or shout my praise;
        G   D
My allegiance and devotion,
        Em   C
My heart's desire and all emotion,
        G   D   C2   D Dsus
Go to serve the Man who died upon that tree.

Chorus 1

G   D Bm7
Only a God like You
    Em7   C
Could be worthy of my praise, and all my hope and faith;
    G   D Bm7
To only a King of all kings,
    Em7   C
Do I bow my knee and sing, give my everything;

© Copyright 2000 Integrity's Praise! Music (BMI) (Administered at EMICMGPublishing.com).
All rights reserved. Used by permission.

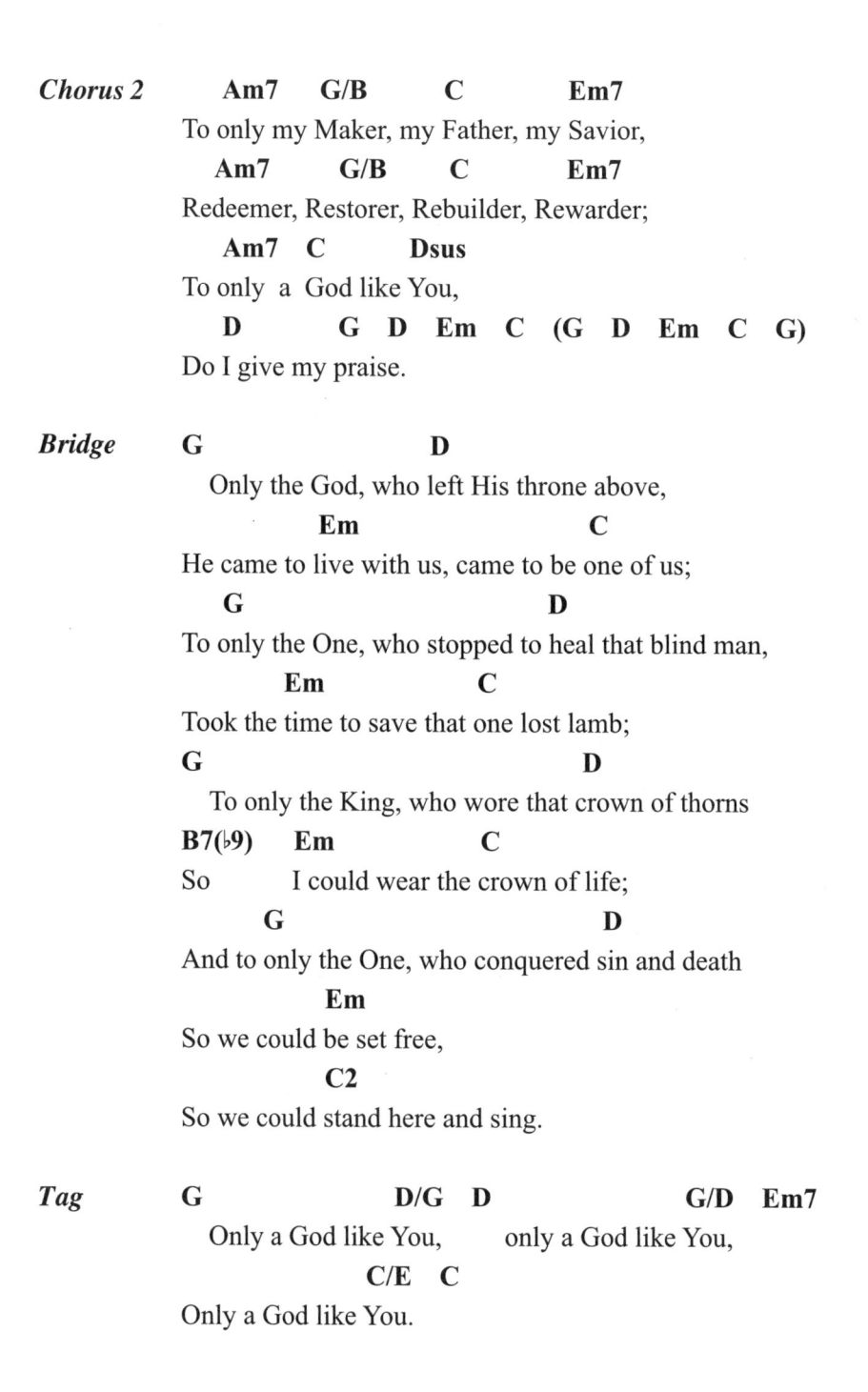

Chorus 2   **Am7**   **G/B**   **C**   **Em7**
       To only my Maker, my Father, my Savior,
         Am7   **G/B**   **C**   **Em7**
       Redeemer, Restorer, Rebuilder, Rewarder;
         Am7   **C**   **Dsus**
       To only a God like You,
       D   **G D Em**   **C**   (**G D Em**   **C G**)
       Do I give my praise.

Bridge   **G**   **D**
       Only the God, who left His throne above,
          Em   **C**
       He came to live with us, came to be one of us;
       G   **D**
       To only the One, who stopped to heal that blind man,
         Em   **C**
       Took the time to save that one lost lamb;
       G   **D**
       To only the King, who wore that crown of thorns
       B7(♭9)   **Em**   **C**
       So   I could wear the crown of life;
           G   **D**
       And to only the One, who conquered sin and death
           Em
       So we could be set free,
           C2
       So we could stand here and sing.

Tag   **G**   **D/G D**   **G/D**   **Em7**
       Only a God like You,   only a God like You,
               C/E   **C**
       Only a God like You.

TOP 100 MODERN WORSHIP SONGS

Open My Eyes

Words and Music by
BRADEN LANG and
REUBEN MORGAN

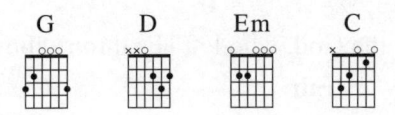

Melody: In the stars___ I see___ Your maj - es - ty___ dis - played.___

G D Em C

Verse 1
        G   D   Em C
In the stars I see Your majesty displayed.
        G   D   Em C
In the heavens all Your wonders are proclaimed.
         G   D
I see Your fame in all the earth,
   Em   C   G   D
And I   seek to know the ways of Your heart.

Verse 2
           G   D   Em   C
Through the seas and open skies I hear Your praise
      G   D Em   C
As the shout of all creation lifts Your Name.
        G   D
I hear Your praise in all of the earth,
   Em   C   G   D
And I   seek to know the ways of Your heart.

© Copyright 2009 Hillsong Publishing (APRA) (Administered in the US and Canada at EMICMGPublishing.com).
All rights reserved. Used by permission.

Chorus
        G
So open my eyes, oh God.
    Em
Open my heart to see
        C   **G**
All the wonders and the power of Your name.

By Your grace, I'll live.
    Em
By Your grace, I'll see;
     C   **G**
For my life and my salvation is in You.

Verse 3
       G   **D**   **Em**   **C**
For You take the sinner's heart and bring new life.
       G   **D**   **Em**   **C**
Through the cross, we are restored within Your light.
      G   **D**
I know Your love is all that I need,
  Em **C**   **G**   **D**
And I   seek to know the ways of Your heart.

Our God Is Love

Words and Music by
JOEL HOUSTON and
SCOTT LIGERTWOOD

Melody: Ev-'ry soul,___ ev-'ry beat-ing heart,

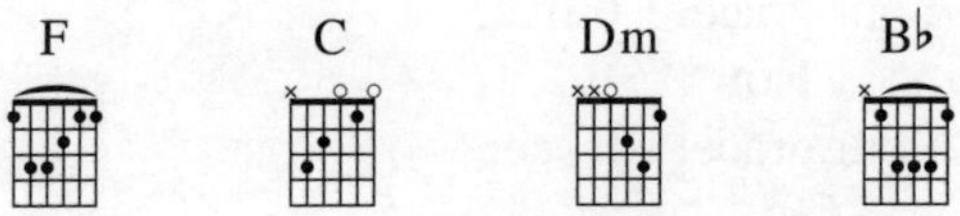

Verse 1
    F
    Every soul, every beating heart,
C
    Every nation and every tongue,
Dm   **C**   **B♭**
    Come find hope in the love of the Father.
F
    All creation will bow as one.
C
    Lift their eyes, see the risen Son.
Dm   **C**   **B♭**
    Jesus, Savior forever and after.

Chorus
       F   **C**
This is love.
  Dm   **B♭**   **F** **C**
Jesus came and died, and gave His life for us.
  Dm   **B♭**   **Dm**
Let our voices rise and sing for all He's done.
  C   **B♭**
Our fear is overcome.
      Dm B♭ **C**   **Dm B♭ C**
Our God is love.   Our God is love.

© Copyright 2009 Hillsong Publishing (APRA) (Administered in the US and Canada at EMICMGPublishing.com).
All rights reserved. Used by permission.

Verse 2   **F**
　　　　Every distant and broken heart,
　　　C
　　　　Every prayer, every outstretched arm,
　　　Dm　　　**C**　　　　　　**B♭**
　　　　Finding hope in the love of the Father.
　　　F
　　　　Age to age, let His praises rise,
　　　C
　　　　All the glory for all of time.
　　　Dm　　　**C**　　　　　　**B♭**
　　　　Jesus, Savior forever and after.

Bridge　　**B♭**　　　　**F**　　　**C**
　　　　Age to age,　 we will be singing,
　　　　　　Dm　　　　**B♭**
　　　　In the light of all He's done.
　　　　　　　　　F　　　**C**
　　　　All the Earth,　ev'ryone singing,
　　　　　　Dm
　　　　In the wonder of His love.
　　　　B♭　　　　**F**　　　**C**
　　　　Age to age,　 we will be singing,
　　　　　　Dm　　　　　**B♭**
　　　　In the light of all He's done.
　　　　　　　　　　Dm　　**C**
　　　　All the Earth,　　everyone singing,

Ending　　　　　　**Dm**　**N.C.**
　　　　Our God is love.　Our God is love.

TOP 100 MODERN WORSHIP SONGS   115

Overcome

Words and Music by
JON EGAN

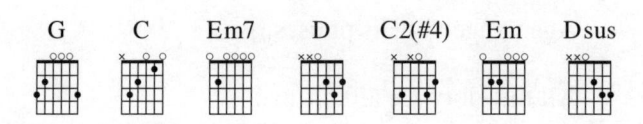

Melody: Seat - ed a - bove,

G C Em7 D C2(#4) Em Dsus

Verse 1
G   C
Seated above, enthroned in the Father's love,
Em7   D   G
Destined to die, poured out for all mankind.

Channel
      C   C2(#4)   C   Em7   D   G
All author-i-   ty, every victo- ry is Yours.
      C   C2(#4)   C   Em7   D   G
All author-i-   ty, every victo- ry is Yours.

Chorus
G   Em
Savior, worthy of honor and glory,
              D   C   G
Worthy of all our praise,   You overcame.
                               Em
Jesus, awesome in power forever,
Em   D   C   G
Awesome and great is Your Name,   You overcame!

© Copyright 2007 Vertical Worship Songs (ASCAP) (Administered at EMICMGPublishing.com).
All rights reserved. Used by permission..

Verse 2   **G**   **C**
God's only Son, perfect and spotless One,
Em7   **D**   **G**
He never sinned, but suffered as if He did.

Verse 3   **G**   **C**
Power in hand, speaking the Father's plan,
Em7   **D**   **G**
Sending us out, light in this broken land.

Bridge   **C**   **G**   **Em**
We will overcome by the blood of the Lamb
        D   **C**
And the word of our testimony,
    G   **Dsus** **D**
Everyone overcome.   (*repeat*)

Power in the Blood

Words and Music by
JONATHAN LEE
and KYLE LEE

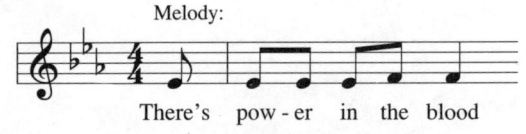

Melody:

There's pow-er in the blood

Capo 1st fret and play in D.

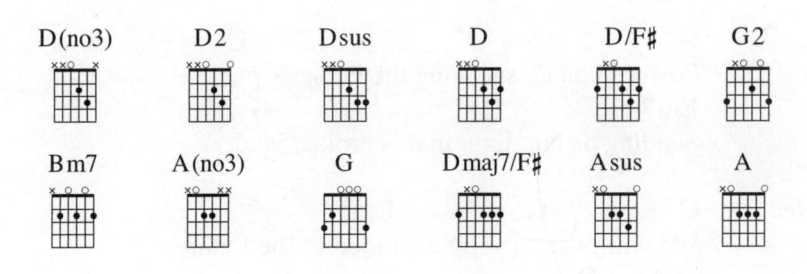

D(no3)   D2   Dsus   D   D/F#   G2
Bm7   A(no3)   G   Dmaj7/F#   Asus   A

Verse 1
    D(no3) **D2** **Dsus**   **D**
There's power in the blood to save us from our sin.
   D(no3) **D2**   **Dsus**   **D**
The covering of grace for all who were condemned.
   D(no3)   **D/F#** **G2**   **D(no3)**
Our rescue from the dark into the light again.
    G2   **Bm7** **A(no3)** **D(no3)**
There's power in the blood of Je-   sus.

Verse 2
    D(no3) **D2**   **Dsus**   **D**
There's power in the blood for our pardon and release,
   D(no3) **D2**   **Dsus**   **D**
To stand in our defense, our hope now made complete.
   D(no3)   **D/F#** **G2**   **D(no3)**
Our ransom fully paid in spite of our decree.
    G   **Bm7** **A(no3)** **D(no3)**
There's power in the blood of Je-   sus.

© Copyright 2011 Universal Music - Brentwood Benson Tunes / Jlee Publishing (SESAC)
(Licensing through Music Services) / This Is Your Time Music / TwelveOne Publishing (ASCAP)
(Both administered by The Loving Company). All rights reserved. Used by permission.

Chorus

Dmaj7/F♯   **G**   **Bm7**   **Asus**   **A**
To save   us all with mercy and forgive-   ness.
Dmaj7/F♯   **G**   **Bm7**   **Asus**   **A**
The veil   was torn, and death has lost its sting.
Dmaj7/F♯   **G**   **Bm7**   **A**
Now God   and man united once again.
       D/F♯   **G2**   **A**   **D(no3)**
There's power in the blood of Je-   sus.

Verse 3

       D(no3)   **D2**   **Dsus**   **D**
There's power in the blood for all the world to see.
      D(no3)   **D2**   **Dsus**   **D**
His hands nailed to a cross, held high at Calvary.
      D(no3)   **D/F♯**   **G2**   **D(no3)**
His death has brought new life. He holds the victory.
      G2   **Bm7**   **A(no3)**   **D(no3)**
There's power in the blood of Je-   sus.

Bridge

Bm7   **Dmaj7/F♯**
What can wash away my sin?
G2   **Asus**
Nothing but the blood of Jesus.
Bm7   **Dmaj7/F♯**
What can make me whole again?
G2   **Asus**
Nothing but the blood of Jesus.
Bm7   **Dmaj7/F♯**
Nothing but the blood, nothing but the blood,
G2   **Asus**
Nothing but the blood of Jesus.
Bm7   **Dmaj7/F♯**
Nothing but the blood, nothing but the blood,
G2   **Asus**
Nothing but the blood of Jesus.

Ending

D(no3)   **D2**   **Dsus**   **D**

D(no3)   **D2**   **Dsus**   **D**
Oh,   precious is the   flow.

Reaching for You

Words and Music by
LINCOLN BREWSTER
and PAUL BALOCHE

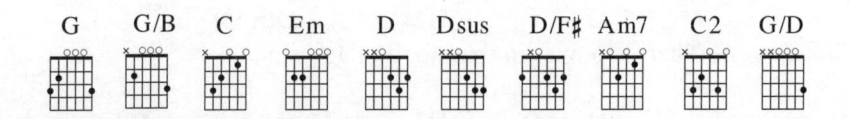

Melody: You cre-at - ed me in - side

G G/B C Em D Dsus D/F# Am7 C2 G/D

Verse 1
        G   **G/B**   **C**
You created me inside Your great imagination;
Em   **C**
You're the One who gave me my first breath;
G   **G/B**   **C**
You have overseen my life and brought me to redemption,
            Em   **D**   **N.C.** **C**
And I know that You're not finished with me yet.

Chorus
                 G   **Dsus** **D**
I'm reaching for You; I'm singing to You;
          Em
I'm lifting my hands to praise You;
         C
I'm lifting my voice to thank You;
             G   **Dsus**   **D**
I'm reaching for You, Jesus, I need You;
         Em
I'm giving my heart to know You;
  G   **C**
I'm living my life to serve You;
        G   **C**   **Em** **G/D** **C** **G**
I'm reaching for You, oh Lord.

© Copyright 2010 Integrity Worship Music (ASCAP) / Integrity's Praise! Music (BMI) / Leadworship Songs (ASCAP) (Administered at EMICMGPublishing.com). All rights reserved. Used by permission.

Verse 2   **G**   **G/B**   **C**
You're the One who spoke the word of life

To light my darkness;
      Em   **C**
You opened up my eyes 'til I could   see.
G   **G/B**   **C**
Jesus, You have promised to complete

The work You've started,
Em   **D**   **N.C.** **C**
Faithful to fulfill Your grace in   me.

Bridge   **G**
Pour out Your love from heaven;
D/F♯   **Am7**
Fill me until I overflow.
       G/B **C2**
Lord, I want more.
G
Reach down Your hands from heaven;
D/F♯   **Am7**
Pull me closer than ever before.
       G/B **C2**
Lord, I want more.

Ending   **D**   **Em**
Oh, I'm reaching;
G/D   **C**
God, I'm reaching for You.

Redeemer King

Words and Music by
DAVID MOFFITT and
MICHAEL SEAN HURST

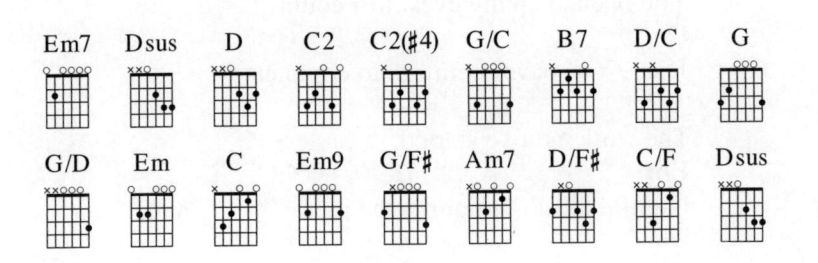

Melody:
Lift up your eyes, — sal-va-tion is com-ing.

Em7 Dsus D C2 C2(#4) G/C B7 D/C G
G/D Em C Em9 G/F# Am7 D/F# C/F Dsus

Verse 1
Em7   Dsus   D
Lift up your eyes, salva-   tion is coming.
C2   C2(#4)   C2
Lift up your hands and surrender your praise.
Em7   Dsus   D
Lift up a song of joy   in the morning.
C2   G/C   C2
Dance in the dawn of redeeming grace.
Em7   B7   C2   D/C G/C C2
Who is this King coming to save the   day?

Chorus
G   D   G/D D Em   D   G/C C2
This is Jesus, my Redeem- er, reaching out to ransom me.
G   D   G/D D Em   D   G/C   C2
Let the walls of sin and sad- ness fall before His majes-ty.
Em7   D   C   G/C   C   C2
Hallelujah, what a Savior, born to set the captive free.
G   D   G/D D   C   D/C G/C C   G
This is Jesus, my Redeem- er, my Re- deem- er King!

© Copyright 2007 New Spring Publishing, a division of Brentwood-Benson Music Publishing (ASCAP)
(Licensing through Music Services). All rights reserved. Used by permission.

Verse 2   **Em7**   **Dsus D**
               Joy to the world that has wait-   ed in darkness.
               C2   **C2(♯4)**   **C2**
               Joy to the hearts that have seen a great light.
               Em7   **Dsus D**
               Joy to the one whose guilt   has been pardoned.
               C2   **G/C** **C2**
               Run to the arms of glory bright.
               Em7   **B7**
                    Praising the King who comes to
               C2 **D/C** **G/C** **C2**
               Save the   day!

Bridge   **C2**   **Em9**   **G**   **G/F♯**
             All of us join in the chorus, which the stars began.
             C2   **Em9**   **G**   **G/F♯**
             Love is reigning over us, binding man to man.
             Am7   **C2**   **Em7 D/F♯ G**
             All of us join in the chorus, which the stars began.
             Am7   **C/F**   **G/D** **Dsus**
             Love is reigning over us, binding man to man!

Tag   **C** **D/C** **G/C** **C** **G** **D**
             My Re-   deem- er   King!
             C **D/C** **G/C** **C** **C** **G**
             My Re-   deem- er   King!

Remember

Words and Music by
LAURA STORY

Melody:

> This is the — bod-y

Capo 2nd fret and play in A.

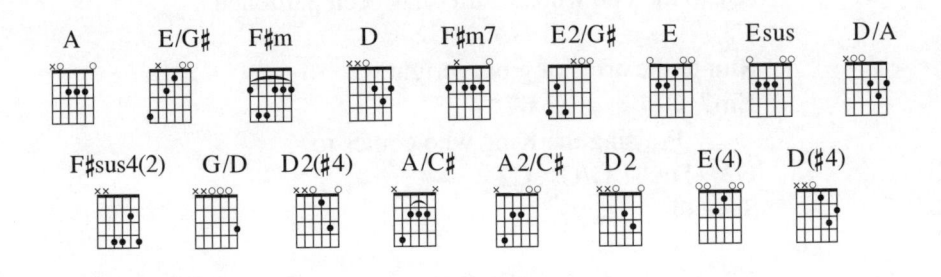

A   E/G#   F#m   D   F#m7   E2/G#   E   Esus   D/A

F#sus4(2)   G/D   D2(#4)   A/C#   A2/C#   D2   E(4)   D(#4)

Verse 1
          A   E/G#
This is the body that was torn for us.
       F#m   D
This is the blood that was spilt.
          A   E/G#
Points to the pain You endured for us,
     F#m   D
Points to the shame, the blame, the guilt.

Chorus 1 F#m7   E2/G# A   D
Father, Son, and Holy   Spirit, come,
             E Esus E   A   D/A
Move our hearts   to remember.

© Copyright 2008 New Spring Publishing, a division of Brentwood-Benson Music Publishing / Gleaning Publishing (ASCAP)
(Licensing through Music Services). All rights reserved. Used by permission.

Verse 2
                A   **E/G♯**
This is the Lamb who was slain for us
        F♯m   **F♯sus4(2)** **F♯m** **D**
So we, the church, may en-   ter   in.
              A   **E/G♯**
So bittersweet when we think of You,
          F♯m **F♯sus4(2)** **F♯m**   **D** **G/D**
The One who bore our curse,   our sin.

Chorus 2 **F♯m7**   **E2/G♯** **A**   **D**
Father, Son, and Holy   Spirit, come,
        E **Esus** **E**   **D**   **D2(♯4)** **A/C♯** **A2/C♯**
Move our hearts   to remember,
Esus **D**   **D2(♯4)** **Esus**
To re- member.

Chorus 3 **F♯m7**   **E2/G♯** **A**   **D**   **E(4)**
Father, Son, and Holy   Spirit, come.
F♯m7   **E2/G♯** **A**   **D**
Father, Son, and Holy   Spirit, come,
        E **Esus** **E** **Esus** **E** **Esus** **E**
Move our hearts
    F♯m7 **E2/G♯** **A** **D2** **E(4)**
To remember,
F♯m7 **E2/G♯** **A** **D** **D(♯4)** **A**
Ah.

Remembrance (The Communion Song)

Words and Music by
MATT MAHER and
MATT REDMAN

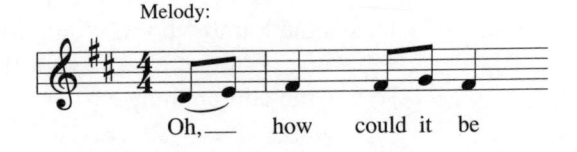

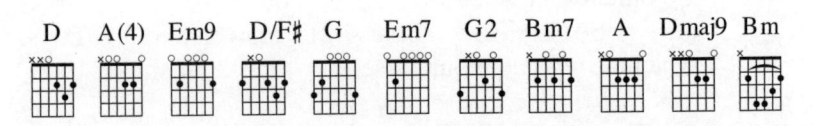

Verse 1

     D   **A(4)**
Oh, how could it be that my God would welcome me,
Em9
Into this mystery?
                      D
Say, "Take this bread, take this wine."
    A(4)   **Em9**
Now, the simple made divine for any to receive.

Channel

     D/F#   **G**   **A(4)**
By Your mercy we come to Your table,
    Em7   **D/F#**   **G2**
By Your grace You are making us faithful.

Chorus

         D   **Bm7**   **A(4)**
Lord, we remember   You,
  G2   **D**   **A**
And remembrance leads us to worship.
      G2   **D** **A(4)**
And as we wor- ship You
  G2   **D**   **A**
our worship leads to communion.
     Em7   **D/F#** **G2**
We respond to Your invitation,
  A(4)   **D** **Dmaj9** **Em9**
We remember You.

© Copyright 2009 Thankyou Music (PRS) (Administered worldwide at EMICMGPublishing.com excluding Europe which is administered by Kingswaysongs) / sixsteps Music / Said and Done Music / Icel (ASCAP) / Spiritandsong.com Pub (BMI) (Administered at EMICMGPublishing.com). All rights reserved. Used by permission.

Verse 2
             D   **A(4)**
See His body, His blood, know that He has overcome
  Em9
Ev'ry trial we will face.
                   D   **A(4)**
And none too lost to be saved, none too broken or ashamed,
  Em9
all are welcome in this place.

Bridge
                  G   **A D**
And dying You destroyed our death.
                 G   **A** **Bm**
Rising You restored our life.
                     A
Lord Jesus, come in glory,
                   G   **D**
Lord Jesus, come in glory.

Tag
          Bm7 **A** **D**
We remem- ber You.

We remember You.

We remember You.

Rise and Sing

Words and Music by
STEVE FEE

Melody: Whoa, — whoa. —

G5 G Em7 Dsus C2 C5 D5

Intro
| G5 | G | Em7 | Dsus | C2 |
Whoa, whoa. Whoa, whoa.
| G5 | G | Em7 | Dsus | C2 |
Whoa, whoa. Whoa, whoa.

Verse 1
G5   C2
If you're alive and you've been redeemed,
G   C2
Rise and sing, rise and sing.
G5   C2
If you've been touched by the mercy King,
G   Dsus
Rise and sing, rise and sing.
G5
Whoa, whoa. Whoa, whoa.

Chorus
              G5   G   Em7 Dsus C2
Our God is risen and reigning, and we're elevat- ing
       G5   G   Em7 D5
The glory of our God and King. Everybody rise and sing.
G5   G   Em7   Dsus   C2
Whoa, whoa. Whoa, whoa.

© Copyright 2009 Worship Together Music / Sixsteps BMI Designee (BMI) (Administered at EMICMGPublishing.com).
All rights reserved. Used by permission.

Verse 2   **G5**   **C2**
              If you were bound but now you're free,
              G   **C2**
              Rise and sing, rise and sing.
              G5   **C2**
              Lift up a shout of victory,
              G   **C2**
              Rise and sing, rise and sing.
              G5
              Whoa, whoa. Whoa, whoa.

Verse 3   **G5**   **C2**
              If in your heart rings a melody,
              G   **C2**
              Rise and sing, rise and sing.
              G5   **C2**
              If you have tasted and you have seen,
              G   **C2**
              Rise and sing, rise and sing.
              G5
              Whoa, whoa. Whoa, whoa.

Bridge   **G5**
              Let the redeemed of the Lord sing,
                             D **C**
              "Hallelujah!" ("Hallelujah!")
              G5   **G**
              Let the redeemed of the Lord sing,
                    Em7   **Dsus** **D** **C** **G5**
              "Our God reigns!" ("Our God reigns!")

Say, Say

Words and Music by
CHRIS TOMLIN, CHRISTY NOCKELS
and KRISTIAN STANFILL

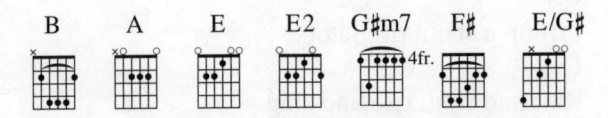

Melody: Some hope in — what their eyes — can see;

B A E E2 G#m7 F# E/G#

Verse 1 **B**
Some hope in what their eyes can see;
A
We hope in the glorious unseen,
E
In a risen and returning King.
B
Some are chasing the treasures of this world;
A
We run to a glorious reward,
E
The only name worth living for! Say, say!

Chorus **B**
Say, say, say you believe it;
E2
Sing for the whole world to hear it.
G#m7
We know, and we declare it:
E2   F#   B
"Jesus is King!"   Say, say, say you believe it;
E2
Sing loud, sing like you mean it.
G#m7
We know, and we declare it:
E2   F#
"Jesus is King!" Say, say!

© Copyright 2010 worshiptogether.com Songs / sixsteps Music / Vamos Publishing / Sweater Weather Music (ASCAP)
(Administered at EMICMGPublishing.com). All rights reserved. Used by permission.

Verse 2   **B**
　　　　　　　　We set our hearts on what will last;
　　　　　　A
　　　　　　　　Your Word, Your love, Your faithfulness,
　　　　　　E
　　　　　　　　Our hope is built on nothing less.
　　　　　　B
　　　　　　　　We open wide our mouths to praise.
　　　　　　A
　　　　　　　　Let this generation raise
　　　　　　E
　　　　　　　　A song of freedom all our days! Say, say!

Bridge   **B**　　　　**A**
　　　　　　I believe Your kingdom come,
　　　　　　　　B　　　　**A**
　　　　　　The Son of God, the King of love!
　　　　　　B　　　　**A**
　　　　　　I believe Your kingdom come,
　　　　　　　　E/G♯　　　**A**
　　　　　　The Son of God, the King of love!

Sing the Gospel

Words and Music by
DAVID MOFFITT
and CARL CARTEE

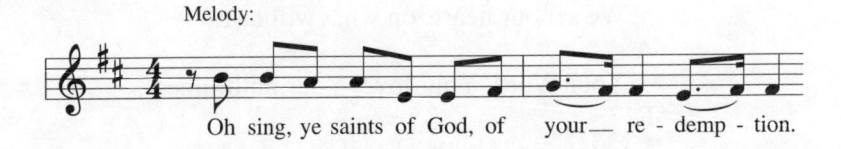

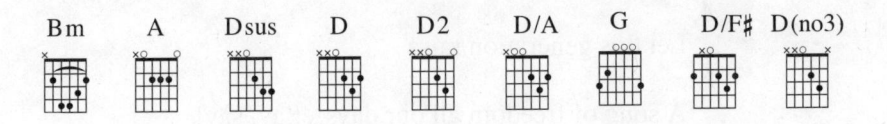

Verse 1 **Bm   A   Dsus   D D2 D**
Oh sing, ye saints of God, of your   re- demption.
Bm   A   D
Lift up the name of Jesus Christ.
Bm   A   Bm   D/A
Sing of the cross and how He paid our ransom.
G   A   D
His death has made the way to life.

Chorus **D/F♯   G   D**
Sing the Gospel. Sing salvation.
         Bm   A
Tell the people all is well.
         G   D
Shout the Good News from the mountain.
         A   G   D
All ye thankful, go and tell.

© Copyright 2010 Universal Music - Brentwood Benson Publishing (ASCAP) /
Universal Music - Brentwood Benson Songs / Electra Car Publishing (BMI) (Licensing through Music Services).
All rights reserved. Used by permission.

Verse 2

Bm	A	Dsus	D	D2	D

Go to the thirsty with a cup of water.

Bm   **A**   **D**
Go to the hungry, give them bread.

Bm   **A**   **Bm**   **D/A**
Run to the desp'rate and pour out His mercy

G   **A**   **D**
Until each starving soul is fed.

Verse 3

Bm   **A**   **Dsus**   **D**   **D2**   **D**
Proclaim, ye servants, of the King of glo- ry;

Bm   **A**   **D(no3)**
The wondrous mysteries of God.

Bm   **A**   **Bm**   **D/A**
Fear not that you are weak for He is able

G   **A**   **D**
To sing through you a greater song!

Stronger

Words and Music by
BEN FIELDING and
REUBEN MORGAN

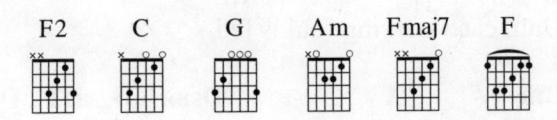

Melody: There is love that came for us,

F2   C   G   Am   Fmaj7   F

Verse 1
       F2   **C**
There is love that came for us,
     F2   **C**
Humbled to a sinner's cross.
        F2   **G** **Am**
You broke my shame and sinfulness.
      F2   **G** **Fmaj7**
You rose again, victori-ous.

Interlude   **Fmaj7 F2 C Fmaj7 F2 C**

Chorus
        C   **G**
You are stronger, You are stronger;
    Am   **F2**
Sin is broken, You have saved me.
      C   **G**
It is written, "Christ is risen."
     F   **G**   **Fmaj7**
Jesus, You are Lord of all!

Interlude   **F2 G Am G C G**

© Copyright 2007 Hillsong Publishing (APRA) (Administered in the US and Canada at EMICMGPublishing.com).
All rights reserved. Used by permission.

Verse 2

    F2   **C**
Faithfulness none can deny;
    F2 **G**   **Am**
Through the storm and through the fire.
    F2 **G** **Am**
There is truth that sets me free;
    F2   **G** **Fmaj7**
Jesus Christ, who lives in me.

Verse 3

    F2   **C**
No beginning and no end;
    F2   **C**
You're my hope and my defense.
    F2 **G**   **Am**
You came to seek and save the lost;
    F2 **G** **Fmaj7**
You paid it all u- pon the cross.

Bridge

     F   **Am**
So let Your name be lifted higher,
  G **C**   **G**
Be lifted higher, be lifted higher.
     F   **Am**
So let Your name be lifted higher,
  G **C**   **G**
Be lifted higher, be lifted higher.

Take My Life (and Let It Be Consecrated)

Words and Music by
CHRIS TOMLIN
and LOUIE GIGLIO

Melody:

Take my life ___ and let ___ it be ___

C2   Gsus   G   Am7   F   C/E   Dm7

G7sus   C   B♭2   F2/A   F2   G7

Verse 1
    C2   **Gsus** **G** **Am7**
Take my life and let   it   be
F **C/E** **Dm7** **G7sus** **C2**
Conse-   crated, Lord, to Thee;
C2   **Gsus** **G** **Am7**
Take my moments and   my days,
F **C/E** **Dm7** **G7sus** **C**
Let them flow in   ceaseless praise.
B♭2   **F2/A**
Take my hands and let them move
Dm7   **G7sus** **C2**
At the impulse of Thy   love.
C2   **Gsus** **G** **Am7**
Take my feet and let   them be
F **C/E** **Dm7** **G7sus** **C**
Swift and   beauti- ful for   Thee.

Chorus
            Dm7   (**C/E**) **F2**
Here am I, (Here am   I,)
      G7sus   **G7**
All of me. (All of me.)
           Dm7   (**C/E**) **F2**
Take my life, (Take my   life,)
      G7sus   **G7**
It's all for Thee. (It's all for Thee.)

© Copyright 2003 worshiptogether.com Songs / sixsteps Music (ASCAP) (Administered at EMICMGPublishing.com).
All rights reserved. Used by permission.

Verse 2   **C2**   **Gsus G Am7**
          Take my voice and let   me sing
F C/E Dm7 G7sus C2
Al- ways only,   for my King.
C2   **Gsus G Am7**
    Take my lips and let   them be
F   C/E Dm7 G7sus C
Filled with   messag-es from Thee.
B♭2   **F2/A**
    Take my silver and my gold,
Dm7   **G7sus C2**
     Not a mite would I with-   hold.
C2   **Gsus G Am7**
   Take my intellect   and use
F C/E Dm7 G7sus C
Ev'-ry   power as You   choose.

Verse 3   **C2**   **Gsus G Am7**
     Take my will and make   it   Thine,
F C/E Dm7 G7sus C2
It shall be no longer mine;
C2   **Gsus G   Am7**
   Take my heart, it is   Thine own,
F C/E Dm7 G7sus C
It   shall be Thy royal   throne.
B♭2   **F2/A**
    Take my love, my Lord, I pour
Dm7   **G7sus C2**
    At Your feet its treasure store.
C2   **Gsus G   Am7**
   Take myself and I will be
F C/E Dm7 G7sus C
Ev-er,   only,   all for   Thee.
C2   **Gsus G   Am7**
   Take myself and I will be
F C/E Dm7 G7sus C
Ev-er,   only,   all for   Thee.

Thank You

Words and Music by
BEN FIELDING and
REUBEN MORGAN

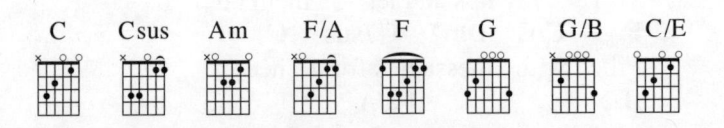

Melody:

Thank You for Your mer - cy.

C   Csus   Am   F/A   F   G   G/B   C/E

Verse 1
     C   **Csus** **C**
Thank You for Your kind- ness.
Am   **F/A** **Am**
Thank You for Your mer- cy.
F
Thank You for the cross.
                      C **Csus** **C**
Thank You for the price You paid.

Verse 2
     C   **Csus** **C**
Thank You for salva- tion.
Am   **F/A** **Am**
Thank You for unend- ing grace.
F
Thank You for Your hope.
                      C **Csus** **C** **G**
Thank You for this life You give.

Chorus 1
         Am **F**   **C** **G/B**
There is no one like You.
         Am **F**   **G**
There is no one like You, God.
         Am **F** **C** **G/B** **F**   **G** **C** **Csus** **C**
All my hope is in You,   Jesus. Jesus.

© Copyright 2009 Hillsong Publishing (APRA) (Administered in the US and Canada at EMICMGPublishing.com).
All rights reserved. Used by permission.

Verse 3
    C   **Csus** **C**
Thank You for Your prom- ise.
Am   **F/A** **Am**
Thank You for Your fa-   vor.
F
Thank You for Your love,
                           C **Csus** **C** **G**
Ev'rything You've done for me.

Chorus 2
          Am   **F**   **C**   **G/B**
There is no one like You.
          Am   **F**   **G**
There is no one like You, God.
         Am   **F** **C** **G/B**   **F**   **G**
All my hope is in You,   Jesus. Jesus.
  F   **G**
Jesus. Jesus.

Bridge
     C   **F**
To Your name, we give all the glory.
G **Am**   **F**   **G**
To Your name, we give all the praise.
        C/E   **F**
You're alive our God everlasting.
        G   **Am**   **F** **G**
Let Your face shine on us.

Ending
      G   **Am**   **F** **C**
Let Your face shine on us.
      G   **Am**   **F** **C**
Let Your face shine on us.
      G   **Am**   **F**
Let Your face shine on us.

Thanks Be to Our God

**Words and Music by
TRAVIS COTTRELL, DAVID MOFFITT and SUE C. SMITH**

Melody: For the road that leads from dark-ness in-to light,

Am G/B C C/E F2 Gsus F G Dm7
Dm9 Csus D7 D7/F# G/F G7sus Dm/B E7/G# G(no3)

Verse 1
    Am G/B C C/E F2
For the road that leads from darkness into light,
    Am G/B C C/E Gsus
For the hope that rescues us from endless night,
    C C/E F   F   G Am
For the grace that covers sin, at the door where life begins,
    F C/E Dm7 Am Gsus
For salvation reaching in to guide us through,
Dm9 **F** **G** **Csus** **C**
Thanks be to our God.

Verse 2
    Am G/B C C/E F2
For the healing that no mortal can explain,
    Am G/B C C/E Gsus G
For deliver- ance that breaks the sinner's chains,
    C   C/E F
For the strength to carry on,
    F   G   Am
And forgiveness great and strong,
    F   C/E Dm7 Am Gsus
And the promise of Your mercies ever new,
Dm9 **F** **G** **Csus** **C**
Thanks be to our God.

© Copyright 2011 Universal Music - Brentwood Benson Publishing / Great Revelation Music / CCTB Music (ASCAP)
(Licensing through Music Services). All rights reserved. Used by permission.

Chorus
  D7 D7/F# G G/F C/E
  Hal- le- lu-   jah.
  G7sus C C/E F Am Gsus G
  Everlasting songs will rise for all You've done.
  D7 D7/F# G G/F C/E Dm/B E7/G# Am
  Hal- le- lu-   jah. Hallelu-   jah.
  F G Csus C Csus C
  Thanks be to our God!

Verse 3
    Am G/B C C/E F2
  For the emptiness that cries out to be filled,
    Am G/B C C/E G(no3)
  For the promise that Your Word is deeper still,
    C C/E F   G Am
  For the longing and the need to have more of You in me,
    F C/E Dm7 Am Gsus G
  Because nothing satis- fies the way You do,
  Dm9 F Gsus Csus C
  Thanks be to our God.

Verse 4
    Am G/B C C/E F2
  For the mysteries beyond the veil of death,
    Am G/B C C/E Gsus G
  For the peace that opens with our closing breath;
    C C/E F   G Am
  When our struggles pass away, and we fin'lly see Your face,
    F C/E Dm Am Gsus
  And a greater glory rises into view,
  Dm9 F Gsus Csus C
  Thanks be to our God.

The Greatness of Our God

Words and Music by
REUBEN MORGAN, JASON INGRAM and STUART GARRARD

Melody: Give me eyes to see more of who You are.

Capo 1st fret and play in E.

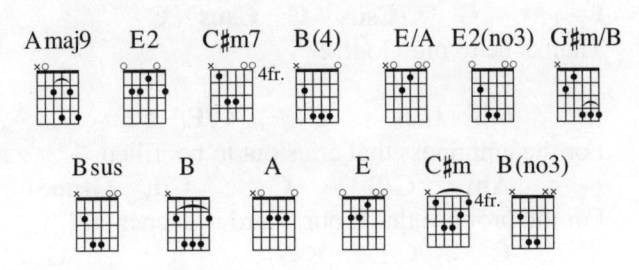

Amaj9 E2 C#m7 B(4) E/A E2(no3) G#m/B

Bsus B A E C#m B(no3)

Intro **Amaj9 E2 C#m7 B(4)** *(repeat)*

Verse 1
       E/A   E2(no3)   G#m/B
Give me eyes to see more of who You are.
       E/A   E2(no3)   G#m/B
May what I behold still my anxious heart.
      E/A   E2(no3)   G#m/B
Take what I have known and break it all apart,
     E/A   Bsus B
For You, my God, are greater still.

Chorus 1 & 2
     A   E   B   C#m
And no sky contains, no doubt restrains
     A   E   B(4)
All You are, the greatness of our God.
     A   E   B   C#m
I'll spend my life to know, and I'm far from close
     A   E   B(no3)
To all You are, the greatness of our God.

© Copyright 2009 (Arr. © Copyright 2012) Sony/ATV Music Publishing, LLC / Windsor Hill Music / Shout! Publishing (ASCAP)
(Administered in the US and Canada at EMICMGPublishing.com). All rights on behalf of Sony/ATV Music Publishing, LLC /
Windsor Hill Music administered by Sony/ATV Music Publishing, LLC (8 Music Square West, Nashville, TN 37203).
All rights reserved. International copyright secured. Used by permission.
Reprinted by permission of Hal Leonard Corporation.

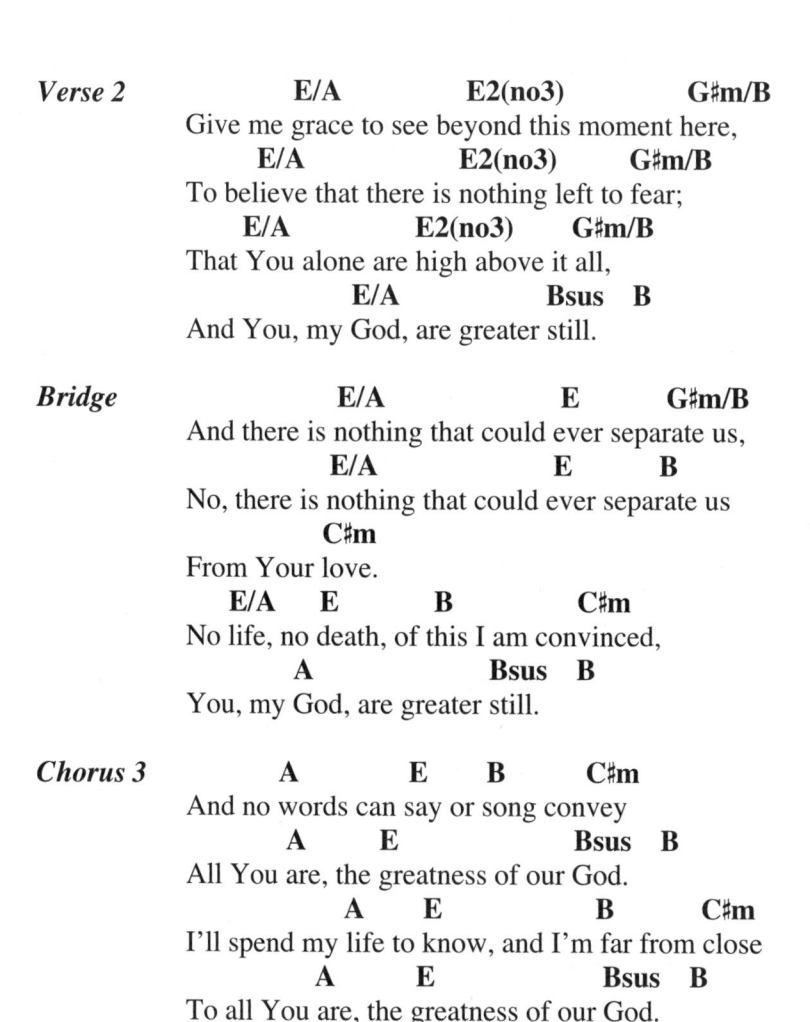

Verse 2
           E/A   E2(no3)   G♯m/B
Give me grace to see beyond this moment here,
    E/A   E2(no3)   G♯m/B
To believe that there is nothing left to fear;
      E/A   E2(no3)   G♯m/B
That You alone are high above it all,
            E/A   Bsus B
And You, my God, are greater still.

Bridge
           E/A   E   G♯m/B
And there is nothing that could ever separate us,
     E/A   E   B
No, there is nothing that could ever separate us
    C♯m
From Your love.
    E/A   E   B   C♯m
No life, no death, of this I am convinced,
    A   Bsus B
You, my God, are greater still.

Chorus 3
     A   E   B   C♯m
And no words can say or song convey
    A   E   Bsus B
All You are, the greatness of our God.
           A   E   B   C♯m
I'll spend my life to know, and I'm far from close
     A   E   Bsus B
To all You are, the greatness of our God.

The One Who Saves

Words and Music by
BEN FIELDING

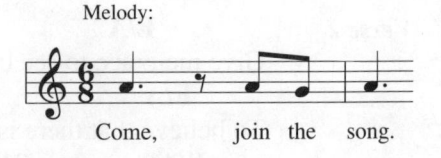

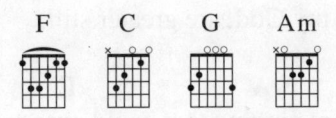

Melody: Come, join the song.

F C G Am

Verse 1

    F
Come, join the song. Lift your voice
                      C
As heaven and earth give praise.
    F
Fall to your knees at the feet
                      C
Of the Son of the one true God.

Verse 2

    F
Turn from old ways. Lift your eyes,
                     C
For the kingdom of God is here.
    F
Open your heart; offer all,
                  C   G
For Jesus Christ is here now.

© Copyright 2009 Hillsong Publishing (APRA) (Administered in the US and Canada at EMICMGPublishing.com).
All rights reserved. Used by permission.

Chorus
                  C   G
We have found our hope. We have found our peace.
                    Am   F
We have found our rest in the One who loves.
                  C   G
He will light the way. He will lead us home
                Am   F
As we offer all to the One who saves us.

Verse 3   F
Call on the name, that is hope:
                    C
Jesus, the Son of God.
F
Lord over all, He is good,
                       C   G
And His mercy endures always.

Bridge   C
His love endures forever.
       G
His love endures forever.
    Am   F
His love endures forever and ever.

The Word of God Has Spoken

Words and Music by
TRAVIS COTTRELL, DAVID MOFFITT
and JONATHAN LEE

Melody: In the be-gin-ning was the Word,

Capo 1st fret and play in C.

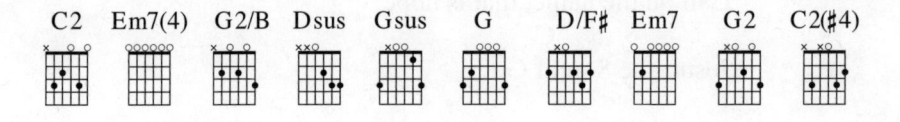

C2   Em7(4)   G2/B   Dsus   Gsus   G   D/F#   Em7   G2   C2(#4)

Verse 1
   C2
In the beginning was the Word, and the Word was God,
  Em7(4)
And the Word became flesh and dwelt among us.
  C2
And we have seen Your glory like the rising of the sun.
  G2/B
You have conquered all our darkness;
 Dsus
The battle has been won.

Chorus **Gsus**   **G** **D/F#**
The Word of God has spoken, and we are changed forever.
  Em7   **C2**
The power of sin is broken; we are free.
  Gsus **G** **D/F#**
We are running to salvation; we have been delivered.
  Em7   **C2**
The Word of God has spoken; we are free.

© Copyright 2011 Universal Music - Brentwood Benson Publishing / Great Revelation Music (ASCAP) /
Universal Music - Brentwood Benson Tunes / Jlee Publishing (SESAC) (Licensing through Music Services).
All rights reserved. Used by permission.

Verse 2   **C2**
You're a Lamp unto my feet; You light my path.
                Em7(4)
You're the only Bread of Life that always satisfies.
             C2
You're the sword that cuts us deep, exposing all our sin.
           G2/B   **Dsus**
You're our healing and forgiveness; we are born again.

Bridge   **G2**   **D/F♯**   **Em7(4)** **C2**
From age to age, Your Word will stand, forever and amen.
             G2   **D/F♯**   **Em7(4)** **C2**
From age to age, Your Word will stand, forever and amen.

Ending   **C**   **Em**   **C**
We are free. We are free.
Em   **C**   **C2(♯4)** **C2**
You will stand. Oh.
G2 **D/F♯**   **Em7(4)**   **C2**
             Your word, Your word.
           G2   **D/F♯**   **Em7(4)** **C2**
From age to age, Your Word will stand, forever and amen.

This Is Our God

Words and Music by
DAVID MOFFITT, SUE C. SMITH
and TRAVIS COTTRELL

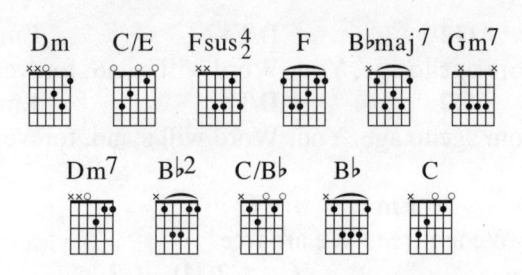

Melody: Who is this Child a-sleep in the man-ger?

Chords: Dm C/E Fsus$\frac{4}{2}$ F B♭maj7 Gm7
Dm7 B♭2 C/B♭ B♭ C

Verse 1
    Dm   C/E   Fsus4(2)   F   Fsus4(2)   F
Who is this Child asleep   in the man-   ger?
    Dm   C/E   B♭maj7
Tender and mild, this intimate stranger,
    F   C/E Gm7   Dm7   B♭2 C/B♭ B♭2
Recklessly, wildly loving a dangerous world.
    Dm   C/E   Fsus4(2)   F   Fsus4(2)   F
Who is this Light invad-   ing our dark-   ness?
    Dm   C/E   B♭maj7
Glorious might, the sun rising for us.
    F   C/E   Gm7   Dm7   B♭2 C/B♭
Conquering might, He captures the hardest of hearts.
    B♭2
We sing:

© Copyright 2008 New Spring Publishing, a division of Brentwood-Benson Music Publishing / CCTB Music (ASCAP)
(Licensing through Music Services) / First Hand Revelation Music (ASCAP) (Administered by The Loving Company).
All rights reserved. Used by permission.

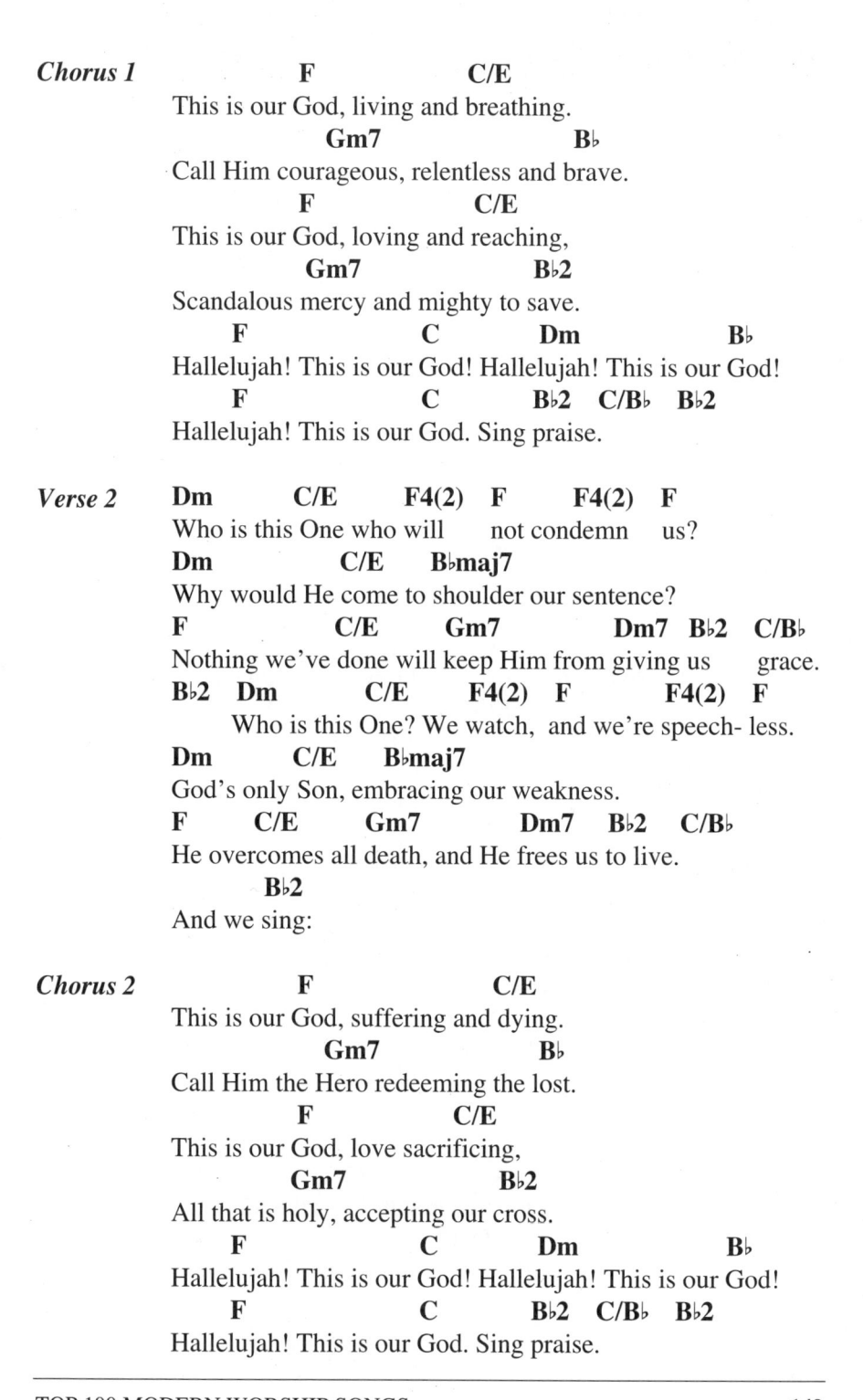

Chorus 1　　　　　　**F**　　　　　**C/E**
　　　　　This is our God, living and breathing.
　　　　　　　　　Gm7　　　　　　**B♭**
　　　　　Call Him courageous, relentless and brave.
　　　　　　　　　　F　　　　　**C/E**
　　　　　This is our God, loving and reaching,
　　　　　　　　　Gm7　　　　　　**B♭2**
　　　　　Scandalous mercy and mighty to save.
　　　　　　　　F　　　　**C**　　　**Dm**　　　　**B♭**
　　　　　Hallelujah! This is our God! Hallelujah! This is our God!
　　　　　　　　F　　　　　**C**　　　**B♭2** **C/B♭** **B♭2**
　　　　　Hallelujah! This is our God. Sing praise.

Verse 2　　**Dm**　　**C/E**　　**F4(2)**　**F**　　**F4(2)**　**F**
　　　　　Who is this One who will　　not condemn　　us?
　　　　Dm　　　**C/E**　　**B♭maj7**
　　　　　Why would He come to shoulder our sentence?
　　　　F　　　**C/E**　　　**Gm7**　　　　　**Dm7 B♭2 C/B♭**
　　　　　Nothing we've done will keep Him from giving us　　grace.
　　B♭2　**Dm**　　**C/E**　　**F4(2)**　　**F**　　　**F4(2)**　**F**
　　　　　Who is this One? We watch, and we're speech- less.
　　　　Dm　　**C/E**　　**B♭maj7**
　　　　　God's only Son, embracing our weakness.
　　　　F　　**C/E**　　**Gm7**　　　　**Dm7 B♭2 C/B♭**
　　　　　He overcomes all death, and He frees us to live.
　　　　　　　B♭2
　　　　　And we sing:

Chorus 2　　　　　　**F**　　　　　**C/E**
　　　　　This is our God, suffering and dying.
　　　　　　　　　Gm7　　　　　　**B♭**
　　　　　Call Him the Hero redeeming the lost.
　　　　　　　　　　F　　　　　**C/E**
　　　　　This is our God, love sacrificing,
　　　　　　　　　Gm7　　　　　　**B♭2**
　　　　　All that is holy, accepting our cross.
　　　　　　　　F　　　　**C**　　　**Dm**　　　　**B♭**
　　　　　Hallelujah! This is our God! Hallelujah! This is our God!
　　　　　　　　F　　　　　**C**　　　**B♭2** **C/B♭** **B♭2**
　　　　　Hallelujah! This is our God. Sing praise.

To God Be the Glory

Words and Music by
TOMMY WALKER, WILLIAM H. DOANE and FANNY CROSBY

Melody: To God be the glo-ry, great things He hath done,

Verse 1

       F   F/A   C   F7
To God be the glory, great things He hath done,
   Bb   F/A   G7   C
So loved He the world that He gave us His Son.
      F   F/A   C   F7
Who yielded His life an atonement for sin,
   Bb   Dm7   Csus   F Bb Bb/D C/E
And opened the life gates that all may go in.

Chorus

             F   C/E   Dm7 F/C
Praise the Lord,   praise the Lord,
  Bb   F/A   Csus F#°
Let the earth hear His voice.
        Gm7   F#°   Gm7/F C/E
Praise the Lord,   praise the Lord,
    C C/E F   C
Let the peo-ple rejoice.
    F   F/A   C   F7
O come to the Father through Jesus the Son,
  Bb   Dm7   F/C   C F Bb F Bb
And give Him the glory, great things He has done.

© Copyright 2005 Universal Music - Brentwood Benson Songs (BMI) (Licensing through Music Services).
All rights reserved. Used by permission.

Verse 2   F   F/A   C   F7
O perfect redemption, the purchase of blood,
   B♭   F/A   G7   C
To every believer the promise of God.
    F   F/A   C   F7
The vilest offender who truly believes,
   B♭   Dm7 C/F C F   B♭ F B♭
That moment from Jesus a pardon re- ceives.

Verse 3   F   F/A   C   F7
Great things He hath taught us, great things He hath done,
   B♭   F/A   G7   C
And great our rejoicing through Jesus the Son.
    F   F/A   C   F7
But purer and higher and greater will be
   B♭   Dm7
Our wonder, our transport,
    C/F C   F   B♭ B♭/D C/E
When Jesus we see.

Bridge   C   Dm7   B♭   F/A
Glory, glory, glory, glory,
Gm7   B♭   G7/B   C   G7
Give Him glory, great things He has done.
C   Dm7   B♭   F/A
Glory, glory, glory, glory,
Gm7   B♭   F/C   C F
Give Him glory, great things He has done.

To Our God

Words and Music by
TRAVIS COTTRELL, DAVID MOFFITT and SUE C. SMITH

Capo 1st fret and play in G.

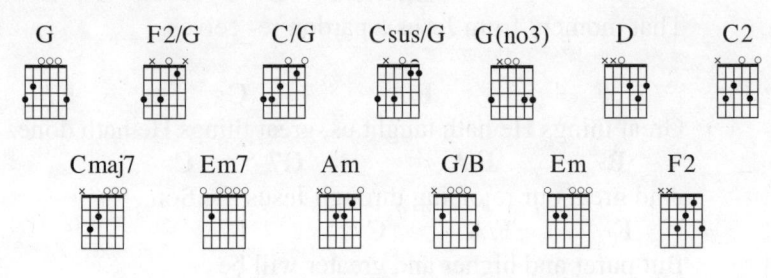

Intro G F2/G C/G G G Csus/G C/G G

Verse 1
G(no3)   Csus/G   C/G   G
All other kings are only pretenders,   their power is small.
G(no3)   Csus/G
All other kings are here for a moment,
C/G   G
They rise and they fall.
    D   C2
But You, O God, hold the world in Your hands.
    D   C2
All creation surrenders command,

Chorus   G   Cmaj7   Em7   D
To our God, the invincible, the all-powerful King of Glory.
            G   Cmaj7   Em7   D
To our God, the unshakable, unmistakable King of Glory.
Am   G/B   C2
Let ev'ry knee bow down;
Am   G/B   C2   G
Nations relinquish your crowns to our God.

© Copyright 2009 Universal Music - Brentwood Benson Publishing / CCTB Music / Great Revelation Music (ASCAP)
(Licensing through Music Services). All right reserved. Used by permission.

Verse 2   **G(no3)**   **Csus/G**
You are the One, our Savior, Defender,
C/G   **G**
   You rescue our souls.
G(no3)   **Csus/G**
All that we are is Yours for the taking.
C/G   **G**
   We give up control.
    D   **C2**
For You, O God, hold our days in Your hands.
D   **C2**
Reign over us, we surrender command,

Bridge   **D**   **Em**   **C2**
All glory and majesty to our God, to our God.
D   **Em**   **F2**
Strength and authority, give it all, give it all, give it all,
     G   **Cmaj7**   **Em7**   **D**
To our God, the invincible, the all-powerful King of Glory.

Ending   **Csus/G** **C/G** **G**   **Csus/G** **C/G** **G**
                   To our God!

O Sacred Head, Now Wounded (Lamb of God)

TRADITIONAL
New Words and Music by
TRAVIS COTTRELL
and DAVID MOFFITT

Melody:
O sa - cred head, now wound - ed

Capo 1st fret and play in E minor.

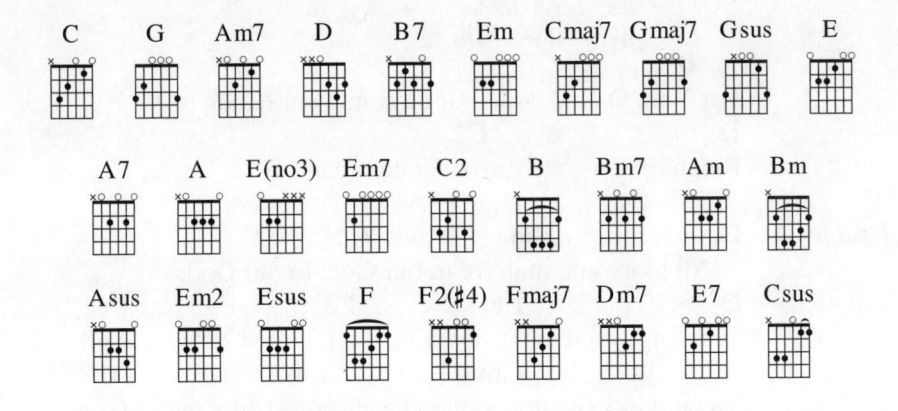

C G Am7 D B7 Em Cmaj7 Gmaj7 Gsus E

A7 A E(no3) Em7 C2 B Bm7 Am Bm

Asus Em2 Esus F F2(#4) Fmaj7 Dm7 E7 Csus

Verse 1

C G/B Am7 G C/D D G
O sa- cred head, now wound- ed
B7/F♯ Em B7 Em
With grief and shame weighed down,
G C G/B Am7 G C/D D G
Now scornful- ly sur- round- ed
B7/F♯ Em B7 Cmaj7
With thorns, Thine only crown.
Am7 Gmaj7/B C D Gsus G
How pale Thou art with an- guish,
C Am7 E
With sore abuse and scorn.
A7 D G/B D/A G A D
How does that vis- age lan- guish
C/E D/F♯ E(no3) Em7 Em9 C2 D
Which once was bright as morn!

© Copyright 2010 Universal Music - Brentwood Benson Publishing / Great Revelation Music (ASCAP)
(Licensing through Music Services). All rights reserved. Used by permission.

GUITAR CHORD SONGBOOK

Verse 2

     C   **D G**   **Em**   **B/D♯** **Em**
O sacred feet, surrendered to climb the lonely hill,
    C2   **D G**   **Em**   **B** **C2**
To bear the verdict rendered, my sentence to fulfill.
   Bm7   **C**   **D**   **Gsus**   **G**
Thy shoulders lift the bur-   den,
   C   **Am7**   **E**
The pain that should be mine,
Am **Bm** **Em** **D** **Asus** **A** **D**
To   offer me   the par-   don,
   Cmaj7 **D**   **Em** **C2** **D** **Em2** **C2** **D**
And take my sin as Thine.

Verse 3

    C2   **D G**
O sacred arms unfold-ing,
D/F♯ **Em**   **B/D♯** **Em**
Out-   stretched up on the beam,
   C2   **D/F♯** **G**
My eyes transfixed, behold- ing
D/F♯ **Em**   **B**   **C2**
The   heavy crimson stream.
   Bm7   **C** **D** **Gsus**   **G**
Thy hands have giv- en   free-   ly,
   C   **Am7**   **E**
O precious healing flow.
Am **Bm** **Em** **D** **Asus** **A** **D**
Lord, cover me   complete-   ly
   C   **D/F♯**   **Esus**
And wash me white as snow.

Chorus

   Esus   **Am**   **F** **F2(♯4)** **F**
O Lamb of God for sinners slain,
Fmaj7   **Dm7**   **F**   **Gsus**
Redemption's price, Your sacrifice my ransom paid.
G   **C/E** **F**   **G**   **C**
O Bread of Life, broken now for me,
E7/G♯   **Am**   **F**   **G**   **Csus** **C**
Your blood, the cup poured out in love, has set me free.

TOP 100 MODERN WORSHIP SONGS

Verse 4   Em   D/E Em
O sacred heart forgiv- ing
       B/E   Em
The scoffer and the thief,
   C/E   D/E Em
Now in Thy death the liv- ing
 Em   B7   C
Are offered this relief:
   Bm7   C   D   Gsus   G
The curse of sin is   van-   quished,
       C   Am7   E
The pow'r of hell undone.
Am Bm   Em D   Asus A   D
Thou crying, "It   is   fin-   ished!"
    C D/F♯   Esus   E
The victory is   won. (The vict'ry won).

Verse 5   **G   C G/B Am7   G   C   D   G**
What lan- guage shall   I   bor-   row
B7/F♯   Em B7/D♯   Em
To thank Thee, dearest Friend,
G   C G/B Am7   G C/D   D   G
For this, Thy   dy-   ing sor-   row,
B7/F♯ Em   B7   Cmaj7
Thy   pity without end?
Am7 Gmaj7/B   C   D   Gsus   G
O   make me   Thine for- ev-   er,
         C   Am7   E
And should I fainting be,
A7   D   Em   D   G   A   D
Lord, let me nev- er, nev-   er
C   D   Esus E
Outlive my love for Thee.

Unfailing Love

Words and Music by
CARY PIERCE, CHRIS TOMLIN and ED CASH

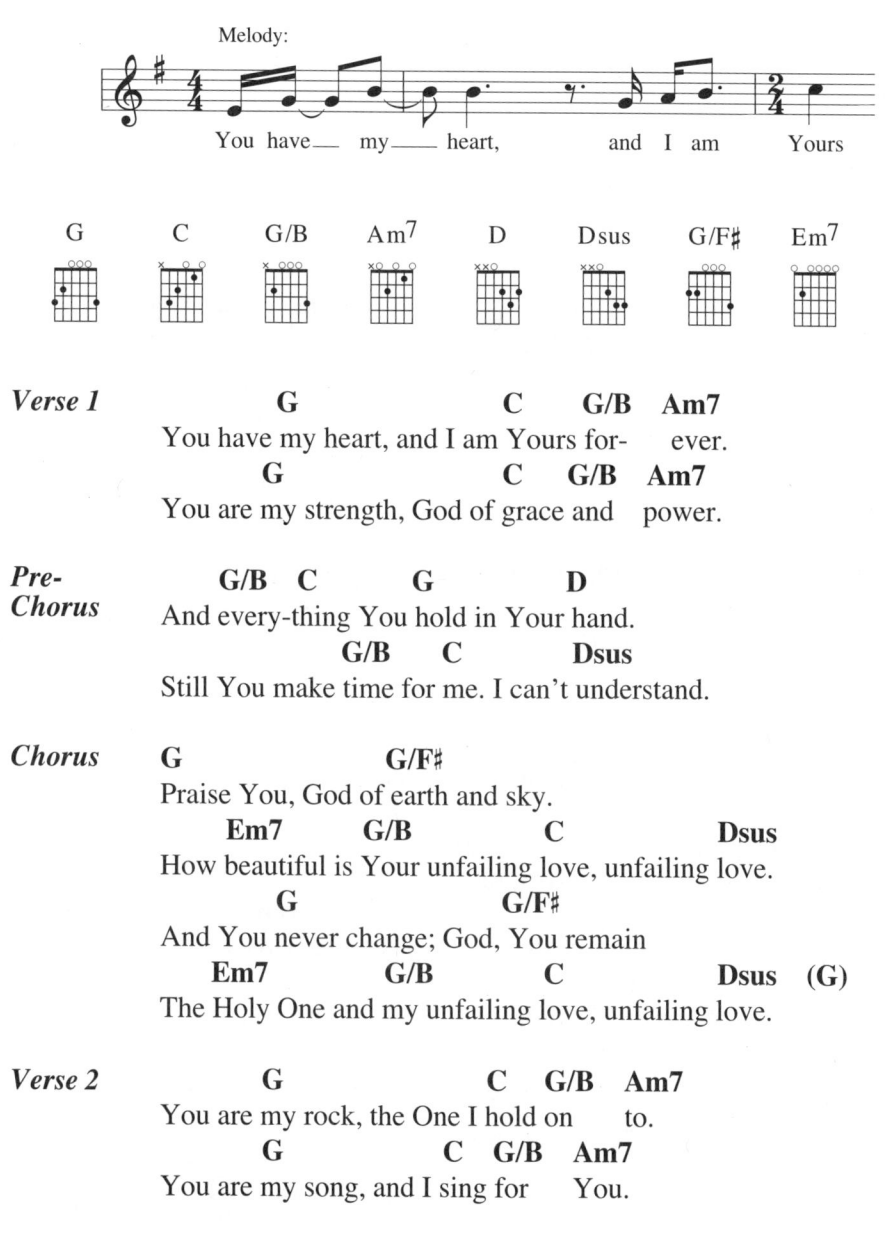

Melody: You have my heart, and I am Yours

G C G/B Am7 D Dsus G/F# Em7

Verse 1

        G   C   G/B Am7
You have my heart, and I am Yours for- ever.
        G   C   G/B Am7
You are my strength, God of grace and power.

Pre-Chorus

    G/B C   G   D
And every-thing You hold in Your hand.
          G/B   C   Dsus
Still You make time for me. I can't understand.

Chorus

G   G/F#
Praise You, God of earth and sky.
Em7   G/B   C   Dsus
How beautiful is Your unfailing love, unfailing love.
          G   G/F#
And You never change; God, You remain
Em7   G/B   C   Dsus (G)
The Holy One and my unfailing love, unfailing love.

Verse 2

        G   C G/B Am7
You are my rock, the One I hold on to.
        G   C G/B Am7
You are my song, and I sing for You.

© Copyright 2004 Bridge Building Music, a division of Brentwood-Benson Music Publishing / Popular Purple Publishing (BMI) (Licensing through Music Services) / worshiptogether.com Songs / sixsteps Music (ASCAP) (Administered at EMICMGPublishing.com) / Alletrop Music (BMI) (Administered by Music Services). All rights reserved. Used by permission.

TOP 100 MODERN WORSHIP SONGS

Until the Whole World Hears

Words and Music by
BERNIE HERMS, JASON MCARTHUR,
MARK HALL and ROGER GLIDEWELL

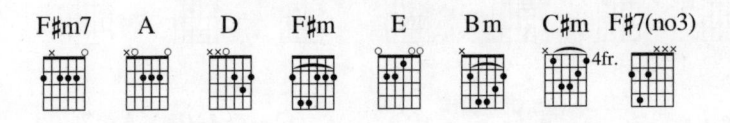

Melody:

Lord, I want to feel with Your heart;

F#m7 A D F#m E Bm C#m F#7(no3)

Verse 1 F#m7
Lord, I want to feel with Your heart
                                    A
See the world through Your eyes.
F#m7
I want to be Your hands and feet;
                              A
I want to live a life that leads.

Channel D   F#m
Ready yourselves, ready yourselves.
             E   Bm
Let us shine the light of Jesus in the darkest night.
             D   F#m
Whoa, ready yourselves, ready yourselves.
             E
May the powers of darkness tremble as our praises rise.

© Copyright 2009 (Arr. © Copyright 2012) M.G.E. Songs (ASCAP) (Administered by Brentwood-Benson Music Publishing; licensing through Music Services) / My Refuge Music (BMI) (Administered at EMICMGPublishing.com) / Banahama Tunes (Administered by Word Music, LLC) / Word Music, LLC / Sony/ATV Music Publishing LLC. All rights on behalf of Sony/ATV Music Publishing administered by Sony/ATV Music Publishing LLC (8 Music Square West, Nashville, TN 37203). All rights reserved. International copyright secured. Used by permission.
Reprinted by permission of Hal Leonard Corporation.

Chorus

A			E

Until the whole world hears, Lord, we are calling out,
F♯m   **D**
Lifting up Your name for all to hear the sound.
    A   **E**
Like voices in the wilderness we're crying out.
           F♯m
And as the day draws near
    C♯m   *(1st time only:* **F♯7(no3)**))
We'll sing until the whole world hears.

Verse 2

    F♯m7
Lord, let Your sleeping giant rise,
                    A
Catch the demons by surprise.
F♯m7   **A**
Holy nation sanctify, let this be our battle cry!

Bridge 1

D   **F♯m**   **A**
Whoa oh oh   Whoa oh oh

We'll sing until the whole world hears.
D   **F♯m**   **A**
Whoa oh oh   Whoa oh oh

We'll sing until the whole world hears.

Bridge 2

D
I want to be Your hands and feet.
A
I want to live a life that leads.
F♯m
    To see You set the captive free,
E
Until the whole world hears.
D   **A**
And I pray the day will see   more of You and less of me.
F♯m   **E**
Lord, I want my life to be the song You sing.

Untitled Hymn (Come to Jesus)

Words and Music by
CHRIS RICE

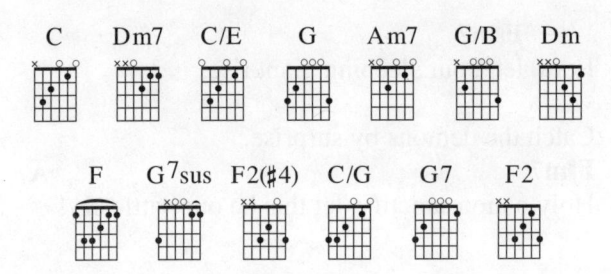

Melody:

Weak and wound-ed sin-ner, lost and left to die;

C Dm7 C/E G Am7 G/B Dm

F G7sus F2(♯4) C/G G7 F2

Verse 1
  C Dm7 C/E G Am7 G/B
Weak and wounded sinner, lost and left to die;
  Dm   F   G7sus
O, raise your head, for Love is passin' by.
      C   F2(♯4) F
Come to Jesus, come to Jesus,
    C/G G7sus G7 C
Come to Je- sus and live!

Verse 2
  C Dm7 C/E G Am7 G/B
Now your burden's lifted and carried far away,
  Dm   F   G7sus G7
And precious blood has washed away the stain.
      C   F2(♯4) F
So sing to Jesus, sing to Jesus,
    C/G G7sus G7 C
Sing to Je- sus and live!

© Copyright 2003 Clumsy Fly Music (Administered by Word Music, LLC).
All rights reserved. Used by permission.

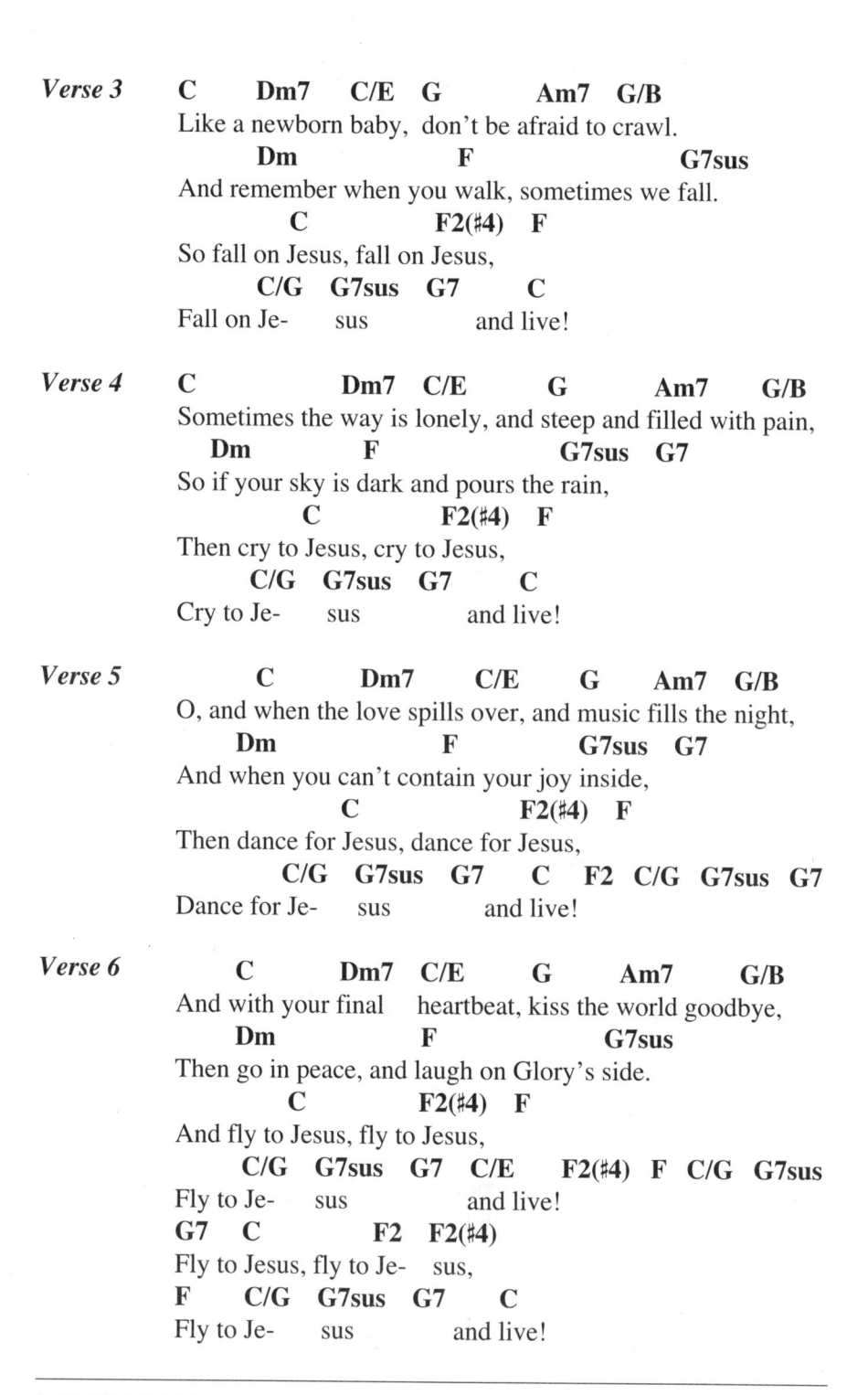

Verse 3   C   Dm7   C/E   G   Am7   G/B
Like a newborn baby, don't be afraid to crawl.
              Dm   F   G7sus
And remember when you walk, sometimes we fall.
                    C   F2(#4)   F
So fall on Jesus, fall on Jesus,
              C/G   G7sus   G7   C
Fall on Je-   sus   and live!

Verse 4   C   Dm7   C/E   G   Am7   G/B
Sometimes the way is lonely, and steep and filled with pain,
              Dm   F   G7sus G7
So if your sky is dark and pours the rain,
                    C   F2(#4)   F
Then cry to Jesus, cry to Jesus,
              C/G   G7sus   G7   C
Cry to Je-   sus   and live!

Verse 5   C   Dm7   C/E   G   Am7   G/B
O, and when the love spills over, and music fills the night,
              Dm   F   G7sus G7
And when you can't contain your joy inside,
                    C   F2(#4)   F
Then dance for Jesus, dance for Jesus,
              C/G   G7sus   G7   C   F2   C/G   G7sus   G7
Dance for Je- sus   and live!

Verse 6   C   Dm7   C/E   G   Am7   G/B
And with your final   heartbeat, kiss the world goodbye,
              Dm   F   G7sus
Then go in peace, and laugh on Glory's side.
                    C   F2(#4)   F
And fly to Jesus, fly to Jesus,
              C/G   G7sus   G7   C/E   F2(#4)   F   C/G   G7sus
Fly to Je-   sus   and live!
G7   C   F2   F2(#4)
Fly to Jesus, fly to Je- sus,
F   C/G   G7sus   G7   C
Fly to Je- sus   and live!

TOP 100 MODERN WORSHIP SONGS

We Will Dance

Words and Music by
DAVID RUIS

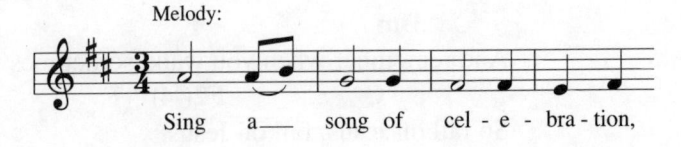

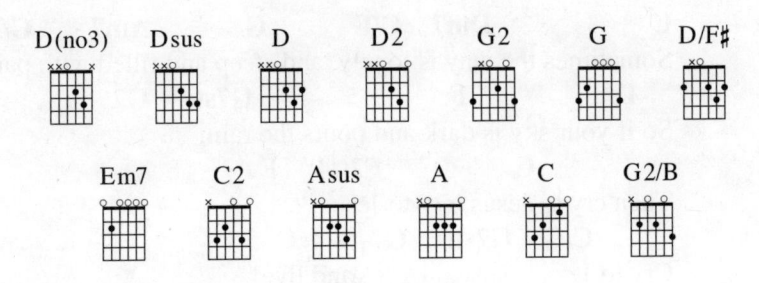

Melody: Sing a— song of cel - e - bra - tion,

Chords: D(no3) Dsus D D2 G2 G D/F# Em7 C2 Asus A C G2/B

Verse 1

  D(no3) Dsus D D2
Sing a song of cele-bration,
  D(no3) Dsus D
Lift up a shout of praise,
  D2   G2
For the Bridegroom will come,
  G D/F# Em7 D Dsus D
The glor-i- ous One.
  C2 G2   D
And oh, we will look on His face.
  C2 G2
We'll go
  G D/F# Em7 D(no3) Dsus D D2
To a much bet- ter place.

© Copyright 1993 Mercy/Vineyard Publishing (ASCAP)
(Administered in North America by Music Services o/b/o Vineyard Music USA).
All rights reserved. Used by permission.

Verse 2   **D(no3)**   **Dsus** **D**
Dance with all your might;
D2   **D(no3)** **Dsus** **D**
Lift up your hands and clap for joy.
    D2   **G2**
For the time's drawing near
    G **D/F♯** **Em7** **D** **Dsus** **D**
When He will   ap-   pear.
    C2 **G2**   **D**
And oh,   we will stand by His side,
    C2 **G2** **G**   **Asus** **A** **Asus**
A strong,   pure, spotless Bride.

Chorus   **D**   **C**   **G**   **D**
We will dance on the streets that are golden,
        C   **G**   **D**
The glorious Bride and the great Son of Man.
        C   **G**   **D**
From every tongue and tribe and nation,
    C2 **G**   **D/F♯** **Em7** **D(no3)**
Will join in the song of the   Lamb.

Bridge   **D(no3)** **Dsus**   **D**   **D2**   **D(no3)**
Sing   aloud for the time of rejoicing is near.
        Dsus **D**   **D2**   **D(no3)**
The risen King, our Groom, is soon to appear.
          Dsus **D**   **D2**   **D(no3)**
The wedding feast to come is now near at hand.
        Dsus **D**   **D2**   **D(no3)** **G2/B**
Lift up your voice, proclaim the coming Lamb.

We Will Remember

Words and Music by
TOMMY WALKER

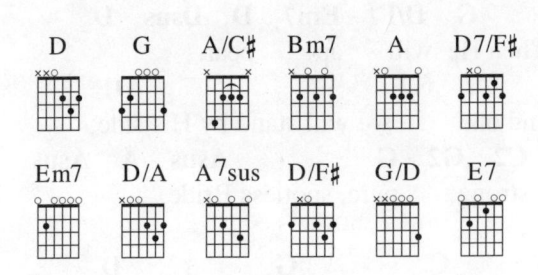

Chorus

D		G
We will remember,		we will remember,

D		A/C#	Bm7	A
We will remember the works of		Your		hands.

D	D7/F#	G		Em7
We will stop		and give You praise

D/A	A7sus	D	G	D/F#	Em7	(D)
For great is Thy faithful- ness.

Verse 1

D		G/D
You're our Creator,		our life Sustainer,

D/F#		Bm7	A
Deliverer, our Comfort, our joy.

D		G
Throughout the ages,		You've been our Shelter,

D/A	A7sus	D	G	D/F#	Em7
Our peace in the midst of the storm.

© Copyright 2006 Universal Music - Brentwood Benson Songs (BMI) (Licensing through Music Services).
All rights reserved. Used by permission.

Verse 2   **D**   **G/D**
                  With signs and wonders,   You've shown Your power.
D/F♯   **Bm7**   **A**
         With precious blood, You showed us Your grace.
D   **G**
       You've been   our Helper, our liberator,
     D/A   **A7sus**   **D** **G** **D/F♯** **Em7**
The giver of life with no end.

Verse 3   **D**   **G/D**
               When we walk through   life's darkest valleys,
D/F♯   **Bm7**   **A**
       We will look back at all You have done.
D   **G**
      And we will shout,   "Our God is good,
     D/A   **A7sus** **D** **G** **D/F♯** **Em7**
And He is the faithful One!"

Bridge   **A**   **Bm7**   **D/F♯**
          Hallelujah!   Hallelujah
            G   **D**   **A** **E7** **A**
      To the One from whom all blessings flow.
            Bm7   **D/F♯**
Hallelujah!   Hallelujah
       G   **D**   **A**
To the One whose glory has been shown.

Verse 4   **D**   **G/D**
       I still remember   the day You saved me,
D/F♯   **Bm7**   **A**
     The day I heard You call out my name.
D   **G**
    You said You loved me   and would never leave me,
    D/A   **A7sus** **D** **G** **D/F♯** **Em7**
And I've never been the same.

When the Stars Burn Down

Words and Music by
JONATHAN LEE and
JENNIE LEE RIDDLE

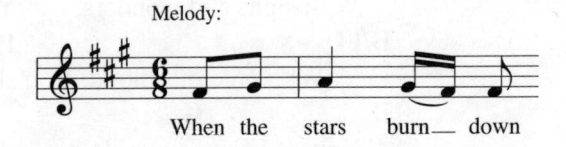

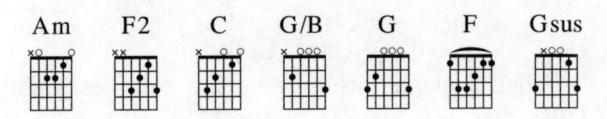

Am F2 C G/B G F Gsus

Intro   F#m D2 A E/G# E F#m D2 A E/G# E

Verse 1
       F#m   D
When the stars burn down and the earth wears out
    A   E/G#
And we stand before the throne
     F#m   D
With the witnesses who have gone before,
    A   E/G#
We will rise and all applaud, singing:

Chorus   D A
"Blessing and honor and glory and power,
  F#m E
Forever to our God."
           D   A
Singing: "Blessing and honor and glory and power,
  F#m E
Forever to our God."

© Copyright 2010 Universal Music - Brentwood Benson Tunes / Jlee Publishing (SESAC)
(Licensing through Music Services) / Integrity's Praise! Music (BMI) (Administered at EMICMGPublishing.com).
All rights reserved. Used by permission.

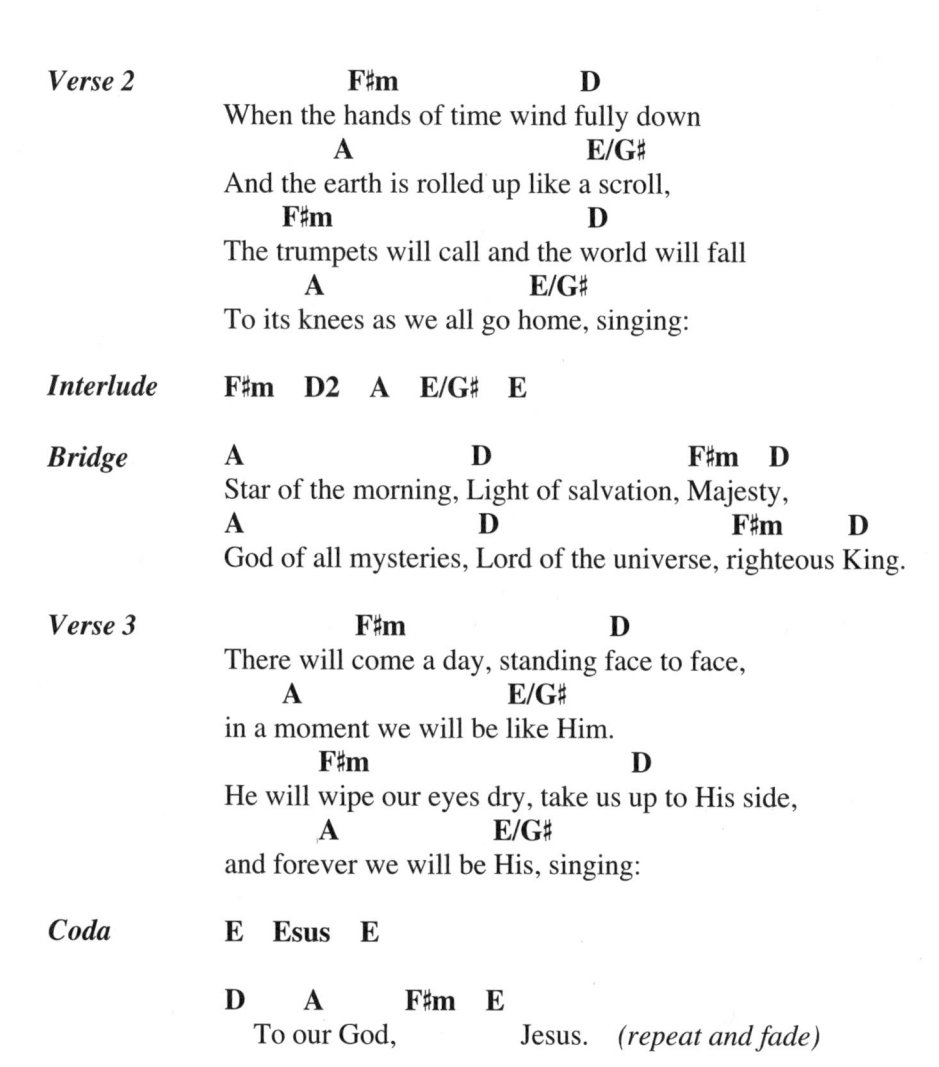

Verse 2

        F#m   D
When the hands of time wind fully down
    A   E/G#
And the earth is rolled up like a scroll,
    F#m   D
The trumpets will call and the world will fall
    A   E/G#
To its knees as we all go home, singing:

Interlude   F#m   D2   A   E/G#   E

Bridge

    A   D   F#m   D
Star of the morning, Light of salvation, Majesty,
    A   D   F#m   D
God of all mysteries, Lord of the universe, righteous King.

Verse 3

        F#m   D
There will come a day, standing face to face,
    A   E/G#
in a moment we will be like Him.
    F#m   D
He will wipe our eyes dry, take us up to His side,
    A   E/G#
and forever we will be His, singing:

Coda   E   Esus   E

    D   A   F#m   E
To our God,   Jesus.   *(repeat and fade)*

Where the Spirit of the Lord Is

Words and Music by
CHRIS TOMLIN, CHRISTY NOCKELS
and NATHAN NOCKELS

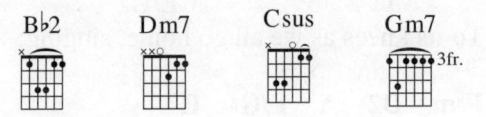

Melody:

We know where the Spir-it of the Lord is.

Bb2   Dm7   Csus   Gm7

Chorus **Bb2**
  We know where the Spirit of the Lord is.
   Dm7   **Csus**
  (Where the Spirit of the Lord is, there is liberty.)
Bb2
  We know, living in Your freedom.
Dm7   **Csus**
  (Living in Your freedom, we see Your glory.)
Bb2
  We know where the Spirit of the Lord is.
   Dm7   **Csus**
  (Where the Spirit of the Lord is, there is liberty.)
Bb2
  We're Yours, and Yours is the kingdom,
Dm7   **Csus**   **Bb2**
  (We are Yours, Yours is the kingdom.)

Verse 1 **Dm7**   **Gm7**
  You are the fire through the night,
        Dm7
  You are the flame that burns inside;
        Gm7
  We need Your presence more than anything.

© Copyright 2010 worshiptogether.com Songs / sixsteps Music / Vamos Publishing / Sweater Weather Music (ASCAP)
(Administered at EMICMGPublishing.com). All rights reserved. Used by permission.

Verse 2 **Dm7**   **Gm7**
    More than just a song to sing,
         Dm7
    More than words and offerings;
           Gm7
    We need Your presence more than anything.

Pre-
Chorus   **B♭2**
    And You're all that we want,
     Dm7   **Csus**
    You're all that we need.
     B♭2
    You're all that we want,
     Dm7   **Csus**
    You're all that we need.

Verse 3 **Dm7**   **Gm7**
    You call us closer to Your heart;
         Dm7
    Lead us, Lord, to where You are.
           Gm7
    We need Your presence more than anything.

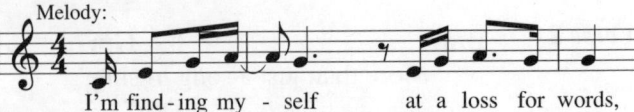

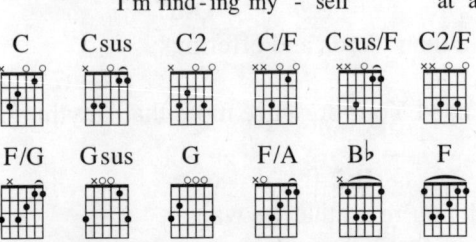

Word of God, Speak

Words and Music by
BART MILLARD
and PETE KIPLEY

Verse 1
         C   **Csus** **C**
I'm finding myself at a loss for words,
C2   **C/F**   **Csus/F** **C**
And the funny thing is, it's   okay.
           C2/F **C**   **Csus** **C**
The last thing I   need is to be heard
C2   **C/F**   **Csus/F**   **C/F**
But to hear what You would say.

Chorus
    F/G   **C**   **Gsus**
Word of God, speak. Would You pour down like rain,
G   **F/A** **B♭**   **F**
Washing my   eyes to see Your majesty?
                  C   **Gsus**
To be still and know that You're in this place,
G   **F/A** **B♭**   **F**
Please let me   stay and rest in Your holiness.
             C
Word of God, speak.

Verse 2
           C   **Csus** **C**
I'm finding myself in the midst of You,
    C2   **C/F**   **Csus/F** **C**
Beyond the music, beyond the noise.
    C2/F   **C**   **Csus** **C**
All that I   need is to be with You
    C2   **C/F** **Csus/F** **C/F**
And in the quiet hear Your voice.

© Copyright 2002 Songs From the Indigo Room (Administered by Wordspring Music, LLC) / Wordspring Music, LLC / Simpleville Music. All rights reserved. Used by permission.

You Are Good

Words and Music by
KARI JOBE

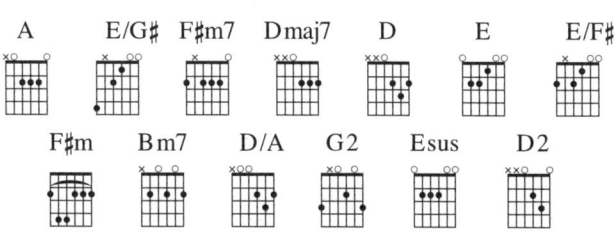

Melody: Your kind-ness— leads me to— re-pent-ance;

Verse
   A   E/G#
Your kindness leads me to repentance;
  F#m7   **Dmaj7**
Your goodness draws me to Your side.
   A   E/G#
Your mercy calls me to be like You;
  F#m7   **Dmaj7**
Your favor is my delight;
D **E** **E/F#** **F#m** **E/G#**
Every day, I'll awaken my praise,
Bm7 **D/A** **G2**
And pour out a song from my heart.

Chorus
 Esus **E** **A**   **E/G#**
You are good, You are good;
  F#m7   **E** **D2**
You are good, and Your mercy is forever.
 Esus **E** **A**   **E/G#**
You are good, You are good;
  F#m7   **D**
You are good, and Your mercy is forever.

Bridge
. **A**   **E/G#**
Your kindness is forever; Your goodness is forever;
  F#m7   **Dmaj7**
Your mercy is forever, forever.

© Copyright 2006 Gateway Create Publishing (BMI) (Administered at EMICMGPublishing.com).
All rights reserved. Used by permission.

You Alone Can Rescue

Words and Music by
JONAS MYRIN
and MATT REDMAN

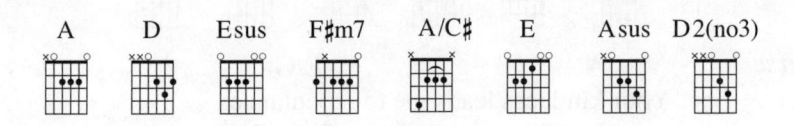

Verse 1
     A   D   A
Who, O Lord, could save themselves;
D   Esus
Their own soul could heal?
    F#m7   A/C# D   A
Our shame was deeper than the sea;
   D   Esus A
Your grace is deeper still.

Chorus
           D   Esus   F#m7
And You alone can rescue, You alone can save.
          D   Esus   F#m7
You alone can lift us from the grave.
          D   Esus   F#m7
You came down to find us, led us out of death.
        D   E   Asus A Asus A
To You alone belongs the highest praise.

© Copyright 2009 Shout! Publishing (ASCAP) (Administered in the US and Canada at EMICMGPublishing.com) / Thankyou Music (PRS) (Administered worldwide at EMICMGPublishing.com excluding Europe which is administered by Kingswaysongs / worshiptogether.com Songs / sixsteps Music / Said and Done Music (ASCAP) (Administered at EMICMGPublishing.com). All rights reserved. Used by permission.

Verse 2   **A**   **D**   **A**
You, O Lord, have made a way,
       D   **Esus**
The great divide You healed;
   F♯m7   **A/C♯**   **D** **A**
For when our hearts were far away
       D   **Esus** **A**
Your love went further still.
          D   **Esus** **A**
Yes, Your love goes further still.

Bridge   **A**   **D2(no3)**
We lift up our eyes, lift up our eyes; You're the Giver of life.
       A   **D2(no3)**
We lift up our eyes, lift up our eyes; You're the Giver of life.
   F♯m7   **D2(no3)**
We lift up our eyes, lift up our eyes; You're the Giver of life.
   F♯m7   **D2(no3)**
We lift up our eyes, lift up our eyes; You're the Giver of life.

You Are Good

Words and Music by
JEREMY RIDDLE
and BRIAN JOHNSON

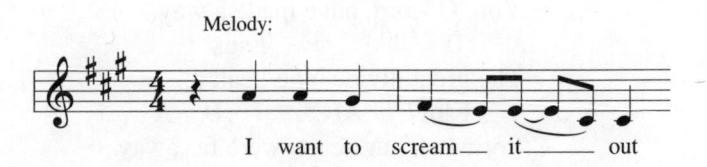

Melody: I want to scream it out

A D F#m E Bm7

Verse 1 **A**
I want to scream it out from every mountaintop;
D
Your goodness knows no bounds; Your goodness never stops.
F#m
Your mercy follows me; Your kindness fills my life.
A   **E**
Your love amazes me.

Chorus **A**
I sing because You are good,

And I dance because You are good;
D
And I shout because You are good.

You are good to me, to me.

© Copyright 2010 Mercy/Vineyard Publishing (ASCAP) (All rights on behalf of Mercy/Vineyard Publishing administered in North America by Music Services o/b/o Vineyard Music USA) / Bethel Music (BMI).
All rights reserved. Used by permission.

Verse 2 **A**
Nothing and no one comes anywhere close to You.
D
The earth and oceans deep only reflect this truth.
F♯m
And in my darkest night You shine as bright as day.
A   **E**
Your love amazes me.

Bridge   **Bm7**   **D**
With a cry of praise my heart will proclaim,
            A   **(E)**
You are good, You are good.
            Bm7   **D**
In the sun or rain my life celebrates,
            A   **(E)**
You are good, You are good.

You Are Love

Words and Music by
LAURA STORY, JONATHAN LEE
and CARL CARTEE

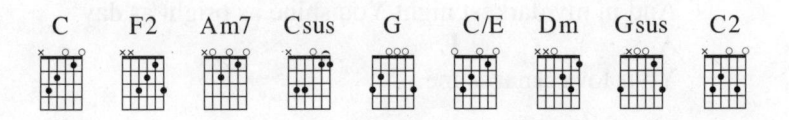

Verse 1

       C
You are justice for every oppression.
       F2
You're forgiveness for every confession.
       Am7   **F2**   **C**
You are beauty, goodness, blessing. You are love.

Verse 2

       C
You are healing for every sickness.
       F2
You are power in every weakness.
       Am7   **F2**   **C** **Csus**
You are mighty, holy, faithful. You are love.

Chorus

    F2   **G**
O God of the heavens,
    C/E   **F2**
You descended from Your throne,
    F2   **G**
Gave Your Son as our ransom.
    C/E   **F2**
And by this, all men will know that You are love.

© Copyright 2011 New Spring Publishing, a division of Brentwood-Benson Music Publishing /
Laura Stories (ASCAP) / Universal Music - Brentwood Benson Tunes / Jlee Publishing (SESAC) /
Universal Music - Brentwood Benson Songs / Electra Car Publishing (BMI)
(Licensing through Music Services). All rights reserved. Used by permission.

Verse 3   **C**
                 We were thirsty; You gave us water.
                 F2
                 We were orphans; now, You are our Father.
                 Am7   **F2**   **C**   **Csus**
                 We were desperate, hungry, seeking. You are love.

Interlude   **G**   **C/E**   **F2**
               You are love.

Bridge   **F2**   **G**   **C/E**   **F2**
               Everlasting,   never-ending,
           Dm   **Gsus**   **C**   **C2**   **C**   (**Csus** - *2nd time*)
               All-consuming; You are love.

You Are the God Who Saves

Words and Music by
TRAVIS COTTRELL, DAVID MOFFITT
and STEPHEN HINKLE

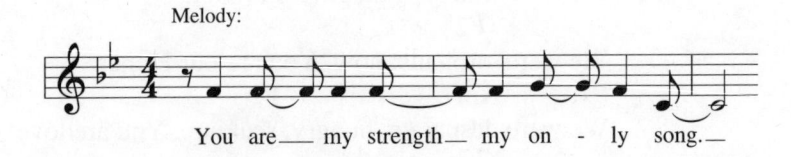

Melody: You are— my strength— my on - ly song.—

Capo 1st fret and play in D.

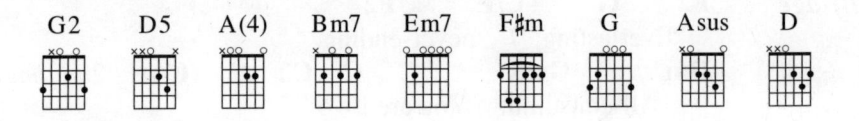

G2   D5   A(4)   Bm7   Em7   F#m   G   Asus   D

Verse 1
D2 A5   E(4)
You are my strength, my only song.
  F#m7
Your love is life to me.
D2 A   E(4)
You are my Rock, my Cornerstone.
  F#m7
Your love is ev'rything.
Bm7 C#m   D Esus
You hear my cry, You lift me up. Hosanna.

Chorus
D2 A E(4) F#m7
You are the God who saves,
 D2 A E(4) F#m7
So I   praise,   I praise.
D2 A E(4) F#m7
There is no other name
  D2 A E(4) F#m7
That I praise,   I praise.

© Copyright 2010 Universal Music - Brentwood Benson Publishing / Great Revelation Music (ASCAP) /
Universal Music - Brentwood Benson Songs (BMI) (Licensing through Music Services).
All rights reserved. Used by permission.

Verse 2
  D2 **A5**   **E(4)**
  My rescue when the battle roars,
    F♯m7
  Your love is holding on.
  D2 **A5**   **E(4)**
  My constant refuge in the storm,
    F♯m7
  Your love goes on and on.
  Bm7 **C♯m** **D** **Esus**
  I know Your mercy will endure forever.

Bridge
  D2 **A** **E(4)** **F♯m7**
  Ho- sanna. You save me.
  D **A** **E(4)** **F♯m7**
  Messiah, my Deliverer.
  D2 **A** **E(4)** **F♯m7**
  Re- deemer, my Healer,
  D **A** **E(4)** **F♯m7**
  I run to You. I run to You.

Bridge
(last time)
  D **A** **D(4)** **F♯m7**
  Ho-sanna. You save me.
  D **A** **E(4)** **F♯m7**
  I run to You. I run to You.
  D **A** **E(4)** **F♯m7**
  Ho-sanna. You save me.
  D **A** **E(4)** **F♯m7**
  I run to You. I run to You.

You Gave Your Life Away

Words and Music by
KATHRYN SCOTT
and PAUL BALOCHE

Verse 1
    E   B(4)
You spoke, and worlds were formed;
E/G#   A2
You breathed, and life was born;
  E   B(4)
You knew that one day You would come.
  E   B(4)
So far from heaven's throne,
E/G#   A2
    Clothed in human form,
  E   B(4)   A2
You showed the world the Father's love.

Chorus
        E
You gave, You gave Your life away;
E/D#
You gave, You gave Your life away;
C#m7   A
You gave, You gave Your life away for me.
   E
Your grace has broken every chain;
  E/D#
My sins are gone, my debt's been paid;
C#m7   A
You gave, You gave Your life away for me,

Interlude   E E/D# A2/C# E E/D# A2/C#
For me.

© Copyright 2007 Integrity's Hosanna! Music / Vertical Worship Songs / Leadworship Songs (ASCAP)
(Administered at EMICMGPublishing.com). All rights reserved. Used by permission.

Verse 2
         E   **B(4)**   **E/G♯**   **A2**
You lived a sinless life, yet You were crucified;
     E   **B(4)**   **A2**
You bought our freedom on the cross.
 E   **B(4)**   **E/G♯**   **A2**
Forsaken for our sin, You died and rose again;
 E   **B(4)**   **A2**
Jesus, You are the Lamb of God.

Bridge   **A**   **E/G♯**   **F♯m7**   **E/G♯**
How glorious is Your love.
    A   **E/G♯**   **F♯m7**   **E/G♯**   **E**
If I could sing forever, it's not e-   nough.
A   **E/G♯**   **F♯m7**   **E/G♯**
How glorious is Your love.
    A   **E/G♯**   **F♯m7**   **E/G♯**   **E**
If I could sing forever, it's not e-   nough.
B(4)
    It's not enough.

Your Great Name

Words and Music by
MICHAEL NEALE and
KRISSY NORDHOFF

Verse 1
    Am7   **Fm7**
  Lost are saved, find their way
   C   **G(4)**
  At the sound of Your great name.
    Am7   **Fmaj7**
  All condemned feel no shame
   C   **G(4)**
  At the sound of Your great name.
    Am7   **Fmaj7**
  Ev'ry fear has no place
   C   **G(4)**
  At the sound of Your great name.
    Am7   **Fmaj7**
  The enemy, he has to leave
   C   **G(4)**
  At the sound of Your great name!

Chorus **F** **C** **G**   **Am**
  Je- sus; Worthy is the Lamb
     F   **C** **G**   **Am**
  That was slain for us; Son of God and man.
    F   **C**
  You are high and lifted up
   Am   **G**   **Am**
  And all the world will praise Your great name!

Interlude **Fmaj7** **C** **G(4)**

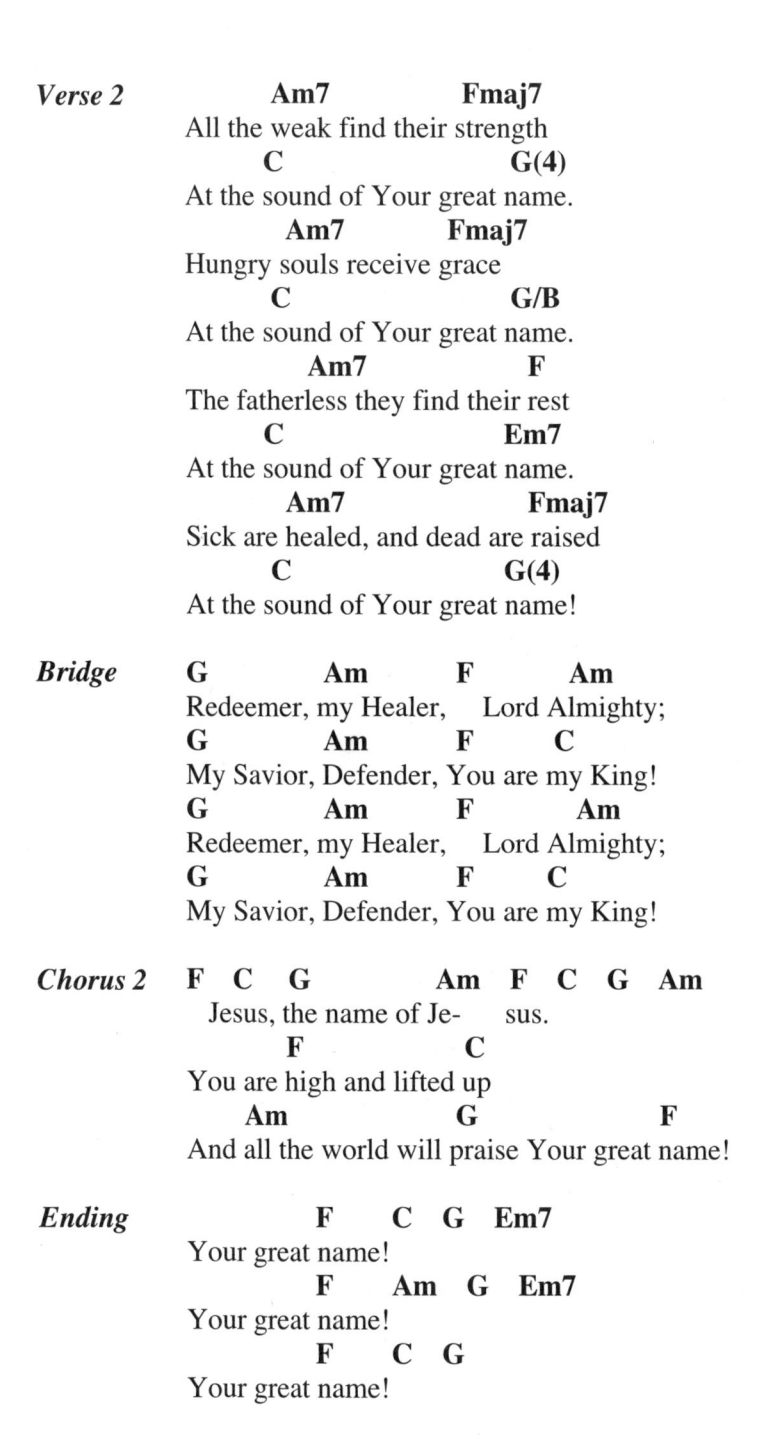

Verse 2

    Am7   **Fmaj7**
All the weak find their strength
    C   **G(4)**
At the sound of Your great name.
    Am7   **Fmaj7**
Hungry souls receive grace
    C   **G/B**
At the sound of Your great name.
    Am7   **F**
The fatherless they find their rest
    C   **Em7**
At the sound of Your great name.
    Am7   **Fmaj7**
Sick are healed, and dead are raised
    C   **G(4)**
At the sound of Your great name!

Bridge

G **Am** **F** **Am**
Redeemer, my Healer, Lord Almighty;
G **Am** **F** **C**
My Savior, Defender, You are my King!
G **Am** **F** **Am**
Redeemer, my Healer, Lord Almighty;
G **Am** **F** **C**
My Savior, Defender, You are my King!

Chorus 2

F **C** **G** **Am** **F** **C** **G** **Am**
 Jesus, the name of Je- sus.
    F   **C**
You are high and lifted up
  Am   **G**   **F**
And all the world will praise Your great name!

Ending

    F **C** **G** **Em7**
Your great name!
    F **Am** **G** **Em7**
Your great name!
    F **C** **G**
Your great name!

Your Love Never Fails

Words and Music by
ANTHONY SKINNER
and CHRIS MCCLARNEY

Melody: Noth - ing can sep - a - rate

Em7 C G D Am7 D(4)

Verse 1
    Em7   C   G   D
      Nothing can separate   even if I ran away.
Em7   **C G D**
Your love never fails.
Em7   **C**
      I know I still make mistakes but
G   **D**
You have new mercy for me everyday,
    Em7   **C G D**
'Cause Your love never fails.

Chorus   **C**   **G**   **D**
      And You stay the same through the ages,
Em7   **C**
Your love never changes.
         G
There may be pain in the night
    D   **Em7**   **C**
But joy comes with the morning.
       G   **D**
And when the oceans rage,
      Am7 (**Em7** - *last time*) **C**
I don't have to be afraid,
      G   **D**
Because I know that You love me,
         C **Em7** **D(4)**
And Your love never fails.

© Copyright 2009 Thankyou Music (PRS) (Administered worldwide at EMICMGPublishing.com
excluding Europe which is administered by Kingswaysongs) / Integrity's Alleluia! Music / Out of the Cave Music (SESAC)
(Administered at EMICMGPublishing.com). All rights reserved. Used by permission.

Verse 2   **Em7**   **C**
                The wind is strong and the water's deep,
                D
                but I'm not alone here in these open seas,
                       Em7   **C**
                'Cause Your love never fails.
                Em7   **C**
                    The chasm was far too wide,
                G   **D**
                I never thought I'd reach the other side,
                      Em7   **C**
                But Your love never fails.

Bridge   **C**   **Em7**   **D(4)**
                All things work together for my good.
                        C   **Em7**   **D(4)**
                You make   all things work together for my good.
                        C   **Em7**   **D(4)**
                You make   all things work together for my good.
                        C   **Em7**   **D(4)**
                You make   all things work together for my good.

You, You Are God

Words and Music by
WALKER BEACH

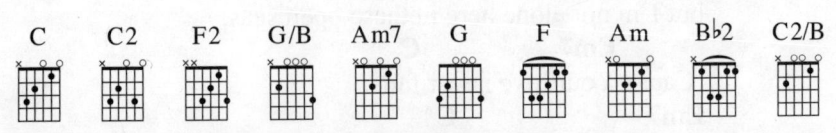

Verse 1
C   C2
Here I am. I've come to find You.
F2   C2   C   G/B
Here I am, to see Your grace,
   Am7   G
To bring to You an offering.
   F   G
I have to ask myself one thing:
Am   G   Bb2   F
How can I do anything but praise? I praise.

Chorus
C2   C2/B   Am   F2
You, You are God. You are Lord. You are all
              C2   C2/B   Am
I'm living for. You are King of everything.
         F2   C2
I want my life to praise You.

Verse 2
C   C2
Here I am. I've come to thank You.
F2   C2   C   G/B
Here I am, a life You've changed,
   Am7   G
Because You gave Your life for me.
    F   G
You crucified Your Son for me.
       Am   G   Bb2   F
Now, how can I do anything but praise? I praise.

© Copyright 2006 Gateway Create Publishing (BMI) (Administered at EMICMGPublishing.com).
All rights reserved. Used by permission.

A

A Mighty Fortress —2
A New Hallelujah —4
Again, I Say Rejoice —6
All My Fountains —8
All of Creation —10
All to Us —12
Ancient Words —18
At the Cross —14
Awakening —16

B

Beautiful Exchange —20
Beautiful King —19
Beautiful Things —22
Because of Your Love —24
Before the Throne of God Above —26
Bless Your Name —28

C

Calling Out to You —30
Came to My Rescue —31
Cannons —32
Center —34
Chosen Generation —36
Christ Is Risen —38
Come Thou Fount, Come Thou King —40

D

Desert Song —42
Do It, Lord —44

F

Faithful God —46
Forever Reign —48
Friend of Sinners —50

INDEX

G

Glorious (BALOCHE/BROWN)---52
Glorious (REEVES/TOMLIN)---53
Glorious Day (Living He Loved Me)---54
Glory in the Highest---56
Glory to God Forever---64
Glory to Your Name---58
God with Us---60
God You Reign---62
Grace Flows Down---65
Great and Marvelous---66
Great Are You, Lord---68

H

Healer---70
Healing Is in Your Hands---72
Here, in Your Presence---76
How He Loves---74

I

I Can Only Imagine---78
I Have a Hope---80
I Will Follow---82
I Will Rise---84
In the Light of Your Glory---77

J

Jesus Paid It All---86
Jesus Saves---88
Just As I Am---90

L

Lead Me to the Cross---92
Let the Worshippers Arise---94

INDEX

M
Majesty of Heaven ---96
My Soul Magnifies the Lord ---98

N
New Doxology ---100
No Sweeter Name ---104
None but Jesus ---102
Nothing Is Impossible ---105

O
O Sacred Head Now Wounded (Lamb of God) ---154
O the Blood ---106
Oh, for a Thousand Tongues to Sing ---108
Only a God Like You ---110
Open My Eyes ---112
Our God Is Love ---114
Overcome ---116

P
Power in the Blood ---118

R
Reaching for You ---120
Redeemer King ---122
Remember ---124
Remembrance (The Communion Song) ---126
Rise and Sing ---128

S
Say, Say ---130
Sing the Gospel ---132
Stronger ---134

INDEX

T

Take My Life (and Let It Be Consecrated) —136
Thank You —138
Thanks Be to Our God —140
The Greatness of Our God —142
The One Who Saves —144
The Word of God Has Spoken —146
This Is Our God —148
To God Be the Glory —150
To Our God —152

U

Unfailing Love —157
Until the Whole World Hears —158
Untitled Hymn (Come to Jesus) —160

W

We Will Dance —162
We Will Remember —164
When the Stars Burn Down —166
Where the Spirit of the Lord Is —168
Word of God, Speak —170

Y

You Alone Can Rescue —172
You Are Good (JOBE) —171
You Are Good (JOHNSON/RIDDLE) —174
You Are Love —176
You Are the God Who Saves —178
You Gave Your Life Away —180
Your Great Name —182
Your Love Never Fails —184
You, You Are God —186

INDEX